누구나 원하지만 뜻대로 되지 않는 인간관계

누구나 원하지만 뜻대로 되지 않는 인간관계

초판 1쇄 인쇄 2013년 2월 7일
초판 1쇄 발행 2013년 2월 15일

지은이 | 유소운
펴낸이 | 김의수
펴낸곳 | 레몬북스(제 396-2011-000158호)
주   소 | 경기도 파주시 문발동 535-7 세종출판벤처타운 404호
전   화 | 070-8886-8767
팩   스 | (031) 955-1580
이메일 | kus7777@hanmail.net
ⓒ 레몬북스

ISBN 978-89-967624-7-8(13320)

누구나 원하지만 뜻대로되지 않는 인간 관계

유소운 지음

레몬북스

Part 1 개인 편

Chapter 1 원만한 인간관계 형성을 위한 첫인상

Chapter 2 태도 · 동작 · 표정으로 간파하는 법

Chapter 3 관상으로 상대를 간파하는 법

Chapter 4 생김새로 상대를 파악하는 법

Part 2 조직 편

Chapter 5 기업을 살리는 리더의 조건

Chapter 6 리더는 생각하고 또 생각하라

Chapter 7 리더십의 키포인트

part 1 개인 편

Chapter 1

원만한 인간관계
형성을 위한 첫인상

◆ 원만한 인간관계는 성공의 지름길
◆ 첫인상은 어디까지 맞을까?
◆ 누구나 잘 보이고 싶어 한다

원만한 인간관계는
성공의 지름길

　통계청이 발표한 최근 자료에 따르면 2010년 우리나라에서 자살한 사람은 15,566명으로, 2006년 10,653명에서 4년 새 50퍼센트 가까이 증가했다고 한다. 이는 인구 10만 명당 31.2명, 하루 평균 42.6명이 자살한 셈이다. 자살 이유에는 여러 사유가 있겠지만, 그중에서도 가장 많은 비중을 차지하는 것은 정신적인 외로움, 즉 '고독감'이라는 발표도 있었다.

　인간은 대화를 잃으면 생동감마저 잃게 된다. 아무도 자신을 상대하지 않을 때 고독감을 느끼고 결국 살아갈 기력을 상실하는 것이다.

　장수 노인들을 보면 대부분 자식, 손자들에게 대우를 받는 '행복한 인간관계'를 유지하고 있다. 반면에 고독한 인생을 보내고 있는 사람은 자살이라는 극단에까지 이르지 않더라도 장수하기란 어렵다.

인간은 출생한 이후로부터 죽기까지 사람과의 관계 속에서 살아가야 하는 사회적 동물이다. 그러니 이러한 인간관계 없이는 삶에서 보람을 느낄 수 없게 되어 있다. 때문에 인생이란 한마디로 '인간관계' 그 자체라 말해도 좋을 것이다.

따라서 이 인간관계를 원만하게 유지해 나아가는 일이야말로 행복한 인생으로 가는 지름길이다.

비즈니스 세계에서도 결국 인간관계가 성패를 좌우한다.

회사라는 조직에서 '일만 뛰어나게 잘하면 성공할 수 있다'고 생각한다면 큰 오판이다. 실력이 월등한 사람이 현실적으로는 출세가도에서 탈락하게 되는 일은 부지기수다.

과연 어떤 비즈니스맨이 출세할 수 있는가? 그것은 역시 인간관계를 원활하게 할 수 있는 사람이다.

젊은 시절, 별로 뛰어나게 일을 처리하지는 못했지만 그럭저럭 상사나 선배들의 사랑을 받는다. 그러다가 어느 정도 경력을 쌓아 부하를 거느리게 되면 부하에게 존경과 신뢰를 받는다. 그러자면 자연히 과장에서 부장으로, 부장에서 이사로 승진을 거듭하며 상사와 부하의 든든한 후원을 얻게 된다.

물론 일을 잘 처리하지 못한다면 누구도 따르지 않겠지만, 그다지 뛰어난 능력이 소유자가 아닐지라도 주변 사람들에게 신뢰받고 사랑받는 타입의 사람은 회사에서 성공할 수 있는 것이다.

이것은 반드시 비즈니스 세계에만 국한된 것이 아니다. 일을 떠나서 인간관계를 원활하게 구축하지 못한 사람은 주변 사람들로부터 점차 격리되고, 결국 누구도 좋아하지 않게 된다. 이는 곧 실패와 직결된다.

요컨대 가정에서든, 회사에서든, 취미를 목적으로 하는 모임에서든 성공을 통해 행복해지기를 원한다면 인간관계를 원활하게 구축하는 방법을 알아두어야 한다.

사람을 간파하면 인간관계가 원활해진다

원만한 인간관계를 유지하려면 어떻게 해야 할까? 키워드는 '사람을 간파하는 눈을 지니는 것'이다.

인간관계 문제로 고민하는 사람들은 대개 "신뢰하고 있던 사람에게 배반당했다", "꿈에도 생각하지 못했던 심한 말을 들어 마음에 상처를 입었다", "그 인간이 그런 사람인 줄 정말 몰랐다" 등등의 때늦은 한탄에 빠져 있다.

첫인상과 실제 행동의 엄청난 차이에 화가 나기도 하고 슬퍼지기도 하며 속은 느낌이 들기도 한다. 바로 이 지점에 인간관계를 수월하게 이끌지 못한 이유가 숨어 있는 것이다.

상대의 성격이나 자질을 확실하게 간파하는 눈을 지니고 있다면 거기에 적절히 대처하는 방법을 취할 수 있다. 어설프고 섣부른 판단을 했던 자신의 어리석음은 깨닫지 못한 채 "그런 사람인 줄 정말 몰랐다"는 식으로 무조건 상대방을 비난하는 일도 사라질 것이다.

요컨대 상대를 간파하는 눈을 가지고 상대의 성격이나 자질을 신속하게 파악하여 거기에 맞는 교제 방법을 취하는 것이야말로 인간관계를 성공으로 이끄는 최선책이다.

'사람 간파하기'의 목적은 상대의 단점은 물론 그보다 더 중요한 장점을 파악하는 데 있다.

예컨대 화를 잘 내며 성급한 사람이 당신 앞에 있다고 치자.

'난 이런 타입은 딱 질색이야!'

이렇게 생각한다면 그냥 피해 지나가는 것도 하나의 방법일 것이다. 그러나 거기서 상대를 피해버린다면 더 이상의 인간관계를 넓힐 수 없다. 쉽게 성을 내고 성미가 급하기는 하지만, 눈을 돌려 그에게서 다른 좋은 점을 찾아낼 수만 있다면 더 나은 인간관계를 구축해 나아갈 수 있을 것이다.

사람을 간파하는 기술은 자신의 성격과 잘 맞거나 맞지 않는 사람을 구분지어 입맛에 따라 사람을 사귀는 요령이 아니다. 오히려 상대의 장·단점을 다 앎으로써 자신과는 완전히 다른 성격의 사람마저도 포용하는 기술이다. 이를 토대로 할 때 원만한 인간관계를 손에 쥘 수 있을 것이다.

    '사람 간파하기'에서 가장 중요한 것은 처음 만났을 때의 인상
으로 상대의 타입이나 성격을 어느 정도 파악하는 일이다.

    사람은 첫인상으로 상대가 어떤 스타일인가를 본능적으로 알
수 있다.

    "사람은 사귀어보지 않고는 모르는 법이다."

    "첫인상 같은 것은 맞지 않는다."

    말은 이렇게 하지만, 실제로 첫인상의 좋고 나쁨으로 그후의 교
제 방법을 결정짓는 경우가 많다.

    이러한 경향은 여성이 더 강하다. 회식 등 사람이 많이 모이는
자리에서 여성들의 행동을 지켜보면 그것을 금방 알 수 있다. 주
변에 낯선 사람들만 있을 경우, 여성은 순간적으로 상대에 대한

호감 정도나 성격이 맞고 맞지 않는 타입을 판단하여 마음에 맞는 사람들하고만 '무리'를 이룬다. 그러고는 대개 그 무리에서 벗어나려고 하지 않는다.

물론 남성도 그러한 행동 패턴에서 자유롭지 않다. 그러나 첫인상으로 싫고 좋음을 단번에 판단하고 상대의 인간성마저 규정하려는 경향은 역시 여성 쪽이 강한 듯하다.

그렇다고 해서 여성의 행동을 비판하고 있는 것은 아니다. 실제로 직감에 의거한 첫인상으로 상대의 성격을 어느 정도 파악할 수 있으니까.

'이러한 이미지를 가진 사람은 이런 성격이다'라는 식의 절대적인 판단 기준이 있는 것은 아니지만, 사람이라면 지금까지의 인생

경험 속에서 자연스레 길러온 '무의식의 판단 기준'을 누구나 가지고 있다. 그 기준은 경험에 의해 뒷받침되고 있는 만큼 사실과 부합되는 경우가 많다.

"사귀어보면 성격을 알 수 있다."

"시간이 지나면 상대를 이해할 수 있다."

"첫인상보다는 그 후의 관계가 더 중요하다."

어떤 생각도 틀리지 않다. 그러나 첫 대면한 사람을 앞에 두었을 때, 순간적으로 상대의 성격과 타입을 간파해야 하는 경우가 있는 법이다. 그 대표적인 예가 비즈니스다.

이 사람은 과연 어떤 타입일까? 어떻게 대응해야 대화를 원만하게 이끌 수 있을까? 비즈니스 현장에서는 그것을 재빨리 판단하여 나에게 유리한 쪽으로 끌고 가야 한다.

어떤 사람은 그러한 경우에 순간적으로 상대가 어떤 타입인지 꿰뚫어볼 능력도 없고, 실제로 그런 시도는 해보지 않았다고 말한다. 그러나 그런 사람도 첫 대면 장소에서의 심리를 자세히 분석해보면, 무의식중에 상대의 타입을 판단하고 그 나름대로 대응하고 있음을 알 수 있다.

중요한 것은 상대를 꿰뚫어보고자 하는 의식을 항상 지니는 것이다. 그 속에서 자기 나름대로의 경험이 노하우가 되어, 단순한 예감이나 직감을 넘어서는 합리적 시각을 통해 판단할 수 있게 되는 것이다.

누구나
잘 보이고 싶어 한다

너나없이 경험하고 있는 일이지만, 항상 첫인상의 느낌이 100 퍼센트 맞는 것은 아니다.

"처음에는 별로였는데, 실제로 이야기를 나눠보니까 그렇지 않았다."

그도 그럴 것이 인간이란 첫인상만으로 판단할 수 없는 다양한 면을 가진 존재일 테니까.

왜 이토록 첫인상과 동떨어지게 되는 것일까? 그 이유를 분석하는 일이 '사람 간파하기'의 첫걸음일 것이다.

인간 심리를 분석해보면 아주 성격이 특이하거나 삐뚤어진 사람이 아닌 이상, 첫 대면의 상대에게 자신을 가능한 한 좋게 보이려는 의식이 작용하게 마련이다. 특히 어떠한 목적으로 상대에게 접근하는 경우에는 그 경향이 더욱 강하다. 표정, 행동, 말씨 등 모든 면에서 자신을 아름답게 꾸며 조금이라도 좋은 인상을 주려고 노력하는 것이다.

예컨대 웃음 하나만 보아도, 평상시 자신이 보기에 가장 좋다고 여기는 웃음 띤 표정을 지으려고 애쓴다. 과거 사랑에 빠졌던 때를 회상해보면 잘 알 수 있다. 그때 했던 쑥스러운 행동을 떠올려보라. '어떻게 그런 행동을 했는지 몰라' 하면서 얼굴이 붉어지는 경험을 누구나 갖고 있을 것이다. 이것도 '자신을 잘 보이고 싶다'는 심리가 만들어낸 행동이다.

따라서 사람을 잘 간파하고자 한다면, 우선 어디까지가 상대의 본질이고, 어디부터가 가식적인 부분인가를 꿰뚫어볼 줄 알아야 한다. 제아무리 친절하게 행동할지라도 어떤 목적의 달성을 위해 '양의 탈'을 썼을 가능성도 있다. 이를 착각하여 상대의 본질이라고 오해하면, 상대가 목적을 달성한 후에 태도가 완전히 돌변하는 모습을 경험할 것이다. "저런 사람이었는지 꿈에도 생각하지 못했다"며 발을 구르는 일이 발생할 수도 있는 것이다.

상대를 간파하지 못했던 사례 대부분은, 상대가 아주 그럴싸하게 가장하여 행동하고 있었음에도 '사람 보는 눈'이 없어 그 본질을 꿰뚫어보지 못한 경우다. 이는 쉽게 말해 상대의 연기에 속아 넘어간 것이다.

누구나 사기꾼의 심리를 가지고 있다

인간은 누구나 사기꾼의 심리를 가지고 있다. 그들은 목표로 정한 상대에게서 무엇인가를 얻어내고자 할 때, 마치 자신이 호의 넘치는 인간이며 선한 사람인 양 자기의 인상을 좋게 남기려고 애쓴다. 즉, 상대에게 호감을 사는 일에 몰두하는 것이다.

우리는 심심찮게 독거노인들을 상대로 사기를 쳐 돈을 뜯어낸 일당에 관한 뉴스를 접한다. 그 수법을 보면 사기꾼들이 얼마나 상대의 마음속을 교묘하게 파고드는 기술에 도가 텄는지 알 수 있다.

그들은 우선 상대를 배려하는 호의적인 대화로 접근한다.

"몸은 건강하십니까?"

"혼자서 지내시기 많이 힘드시겠습니다."

"제가 해드릴 수 있는 일이라면 무엇이든지 말씀해주십시오."

"미약하나마 힘이 되어드리고 싶습니다."

이런 식의 말을 듣게 되면, 특히나 노인들은 상대가 나쁜 사람이라는 생각은커녕 감격한 나머지 무조건 믿게 된다. 사기꾼은 상대의 신뢰를 어느 정도 얻은 시점에서 비로소 속임수에 들어간다.

그 방법도 어디까지나 절대 강요가 아닌 형태다.

"어르신을 위해서 권유하는 것입니다."

"어르신이 행복해지시기를 진정으로 바라는 마음에서 말씀드리는 것입니다."

이런 식으로 배려심을 그럴싸하게 어필하는 것이다.

게다가 천성적인 사기꾼은 자신이 사기를 치고 있다는 의식을 갖지 않는 것은 물론이고 실제로 상대를 진정 위하는 사람처럼 연기하기 때문에 그것을 간파하기란 매우 어렵다. 그런 족속들은 노인에게 친절을 베푸는 자신에게 흠뻑 심취해 있다. 마치 무대에서 연기를 하고 있는 배우가 그 역할에 완전히 동화된 것처럼 말이다. 그러니 피해자도 완전히 속을 수밖에 없는 것이다.

오죽하면 사기꾼에게 당한 어느 노인은 자신의 전 재산을 빼앗겼음에도 여전히 그 사기꾼을 믿는다고 할 정도일까. 사기꾼이 상대의 마음을 사로잡는 기술이 어느 정도인지 짐작할 수 있는 대목이다.

물론 사기꾼의 이야기는 극단적인 예다. 그러나 사기꾼만큼은 아니지만, 연기를 통하여 자신을 좋게 보이고자 하는 심리는 누구에게나 있다. 이 심리를 이해하고 상대를 판단하지 않으면 '사람을 간파하는 기술'을 익힐 수 없다.

결국 상대의 본질을 파악하고 그것을 인간관계에 적용하기 위해서는 직감이나 경험뿐만이 아니라 인간의 심리나 행동의 원리를 알고, 그것을 체계화해야 한다.

첫 대면에서 순간적인 생각으로만 상대의 모든 것을 판단하고자 한다면 영원히 '사람을 간파하는 눈'은 요원할 것이다.

'마음의 자세'에서 가장 중요한 것은 '좋은 것을 생각한다'는 점이다. 좋은 생각을 함으로써 반드시 좋은 결과가 찾아오기 때문이다.

이것은 다시 말해, 긍정적인 사고를 한다는 말이다. 솔직한 마음으로 모든 것을 긍정적으로 받아들이고 감사하는 마음을 가지는 것이다. 그것이 인생을 밝고 가치 있는 것으로 만드는 바람직한 사고방식이다.

반면에 잘못된 사고방식은 '만약 내가 그때 그랬더라면'이라든가 '그때 조금만 더 지원이 됐더라면' 등등, 과거의 일이나 돌이킬 수 없는 것에만 집착하는 것이다. 그리고 무엇보다 가장 나쁜 것은 모든 일을 소극적이고 부정적으로 사고하는 것이다.

오직 한 번뿐인 자기 인생을 누가 소중히 여겨야 하겠는가. 자기 스스로가 마음을 조절하여 긍정적으로 사고하지 않으면 즐거움도 삶의 보람도 느끼지 못한 채 소중한 인생을 허비해버리게 된다.

긍정적인 사고란 '마음의 원리'를 알고 이것을 좋은 방향으로 이끌도록 자기 마음을 컨트롤하는 것이다. 다시 말해 마음의 자세'를 긍정적인 이미지로 향하게 하면 모든 일은 긍정적으로 진행되며, 부정적 사고로 향하게 하면 부정적인 결과를 불러오게 된다는 말이다.

Chapter 2

태도·동작·표정으로
간파하는 법

◆ 얼굴은 마음을 나타낸다
◆ 사람을 간파하는 20가지 힌트
◆ 얼굴은 그 사람의 이력서다
◆ 매력적이려면 질투심을 버려라

얼굴은
마음을 나타낸다

　이 장에서는 상대의 태도, 동작, 표정을 통해 그 사람의 인격이나 타입 등을 판단하는 구체적인 기준을 다루고자 한다.

　인간의 마음속에 자리잡고 있는 감정은 반드시 외면으로 어떤 형태를 갖추어 드러나게 마련이다.

　슬플 때는 슬픈 얼굴, 기쁠 때는 기쁜 얼굴이 된다. 이것은 어린이의 표정을 관찰해보면 잘 알 수 있다. 희로애락이라는 확실한 감정 이외에 무엇인가를 부모에게 숨기고 싶은 일이 있으면, 어딘지 모르게 쭈뼛거리거나 흠칫하는 표정이 된다. 부모의 칭찬을 들을 만한 일이 있으면 말도 꺼내기 전에 얼굴 전체가 상기되어 들뜬 표정을 짓는다.

　이것은 본래 인간의 마음과 표정이 동일한 관계에 있기 때문이다. 그런데 사회적인 동물인 인간은 어느 정도 나이를 먹게 되면 감정을 겉으로 드러내지 않으려고 노력한다.

사회인이 되어 비즈니스 세계에서 살아가자면 원칙, 방침, 규제 따위를 중요시하며 더더욱 자신의 감정을 억제한다. 왜냐하면 비즈니스 사회에서 감정을 노골적으로 얼굴에 나타내는 사람은 비즈니스맨으로서 실격인 셈이기 때문이다.

이쯤 되면 상대의 표정만으로 그 사람의 마음속을 판단하기란 꽤 어려워진다. 겉으로는 웃고 있지만 속으로는 화를 내고 있다든지, 슬픈 표정을 짓고 있지만 속으로는 득의만만한 미소를 짓고 있다든지……. 어떤가? 비즈니스의 세계에서 항상 일어나는 일 아닌가?

그럼에도 인간인 이상 마음속에 감추어져 있는 그것은 반드시 태도, 동작, 표정 등 어떠한 형태로든 겉으로 드러나게 마련이다. 천성적으로 타고난 포커페이스가 아닌 이상, 마음속 감정은 표정을 지배한다.

'도량이 넓고 마음 씀씀이가 큰 것처럼 보이긴 하지만, 실상은 정반대 아닐까?'

'기뻐하는 것 같지만 사실은 불쾌한 것 아닐까?'

'큰소리로 장담하고 있지만 사실은 불안해서 저러는 게 아닐까?'

외적으로 드러나는 동작이나 표정을 힌트로 하여 그 내면을 꿰뚫는 기술을 지녀야 한다. 그렇지 않으면 상대의 연기에 속아서 후회할 일이 발생할 것이다.

사람을 간파하는
20가지 힌트

다음은 20가지 인간형에 관한 것이다. 물론 인간은 일면적인 존재가 아니기 때문에 일괄적으로 단정지을 수 있는 지표가 되는 것은 아니다.

왜냐하면 A라고 하는 인물이 나와의 관계에서는 '상냥하고 배려심이 있는 타입'으로 보였는데, 다른 사람과의 관계에서는 '퉁명스런 타입'인 경우가 생길 수 있기 때문이다.

타입이라고 한마디로 말하지만 그 판단의 배후에는 지금까지 교제해온 기간, 성격의 맞고 안 맞음, 이해관계 등이 복잡하게 얽혀 있다.

이 점을 감안하여 다음에 언급하는 판단 기준 역시 개인적 상황에 따라 나름대로 수정을 가하며 참고하기 바란다.

복장이 단정하지 못한 사람

구겨진 양복 저고리를 입고 있다거나 넥타이가 비뚤어져 있어도 전혀 개의치 않는 타입이다. 심한 경우, 다른 회사 사람과 중요한 미팅을 갖는 자리에서도 느슨하게 풀어진 넥타이에 양복 저고리를 대충 걸쳐놓은 듯한 차림으로 나타나기도 한다.

이런 유형의 인물은 외관상으로 드러나는 대로 어딘가 특이한 점이 있는 타입이다. 호탕한 성격에 인정미도 있지만 '정에 약한 것'이 결점이다.

이런 타입의 사람에게 어떤 상담거리를 가지고 갈 때는 사무적으로 접근하기보다는 사사로운 정에 호소하는 편이 나을 것이다.

"당신을 믿고 이 일을 모두 맡길 테니까 인간적으로 꼭 힘이 되어주십시오."

이런 식의 부탁 방법을 택하는 것이다.

이해득실을 염두에 두고 너무 비즈니스적으로 접근하면 바로 등을 돌리는 것이 또한 이 타입이다.

힘이 되어준다면 결과적으로 당신에게도 이익이 돌아가게 되니 좋지 않겠느냐 하는 식으로 이야기를 전개하면, 틀림없이 대화 도중 싸늘하고 냉담한 반응에 직면할 것이다.

자주 눈을 깜박이는 사람

이야기를 나눌 때 눈을 자주 깜박거리는 사람이 있다. 이런 타입은 소심하여 그다지 미더운 인물이라 할 수 없다. 특히 눈을 깜박거리는 빈도수가 높을 때는 마음속에 부정적인 생각을 품고 있는 경우가 많다.

다만, 이런 유형은 소심하긴 하지만 인간성이 좋으므로 그다지 악한 일을 시도하지는 않는다. 비즈니스 상대로는 비교적 상대하기 쉬운 타입이다.

마음속 생각을 숨김없이 표정으로 드러내기 쉬우므로 표정을 살피면 무슨 생각을 하는지 대충 판단할 수 있다. 이쪽에서 약간 강하게 밀어붙이면 한 발 물러서는 경향도 있다.

따라서 교섭이나 의뢰, 상담거리를 가지고 만났을 때는 가능한 한 알아듣기 쉽게 직접적으로 표현한다. 너무 간접적으로 에둘러 이야기하면 잘 통하지 않는다.

왜냐하면 사람이 좋아서 미소 띤 얼굴로 상대방의 요구를 잘 들어주기는 하지만 결국 그 이야기의 핵심을 잘 이해하지 못하는 경우가 많기 때문이다.

"단정적으로 말하자면 이런 것입니다."

이런 식으로 직접적으로 용건을 내놓는 편이 효과적이다. 다만 그다지 실력은 없으므로 신뢰하지 않는 편이 좋을 것이다.

꼼짝 않고 상대를 주시하는 사람

연인 사이가 아닌 이상, 비즈니스 자리에서 내 쪽을 강한 시선으로 응시하는 사람은 상당히 경계심이 많은 타입이라고 볼 수 있다.

상대가 말하고 있는 내용을 찬찬히 들어주는 자세의 표현이기도 하지만, 시선이 강한 경우 대부분은 애초부터 의심이나 경계심, 불신감을 품고 있는 경우가 많다.

이런 시선을 느낄 때는 너무 감정에 휩싸이지 말고 가능한 한 비즈니스적으로 이야기를 끌고가는 편이 좋다. 섣부른 농담을 했다가 그것이 빗나가게 되면 도리어 의심, 경계심, 불신감을 한층 더 고조시키는 치명적인 결과를 초래할 수도 있기 때문이다.

될 수 있는 대로 담담하게, 조리 있게, 이치에 맞게 교섭하는 것이다. "말씀드릴 주요 사항은 세 가지입니다. 그 첫 번째는…… 두 번째는……" 하는 식이다.

강한 시선 속에서 '부드러운 맛'을 느끼게 하는 경우가 있다. 이것을 올바르게 표현하기란 어렵지만, 표정은 엄숙하게 이쪽을 주목하고 있지만 그 시선은 결코 냉담하지 않은 것이다.

이 경우는 약간 상대의 시선이 강할지라도 의심이나 경계심의 표현이 아니라 호의적으로 이야기를 귀기울여 듣고자 하는 자세의 표현이라 생각해도 좋다. 따라서 성실한 태도로 이쪽의 생각이나 의견을 들려주면 충분히 소통할 수 있다.

눈을 감거나 시선을 피하는 사람

이야기를 나눌 때 상대가 일순간 눈을 감고 시선을 피하는 경우가 있다. 이것은 상대에 대한 거절을 의미한다.

상대가 이런 행동을 한 경우에는 '눈을 감은' 것이 아니라 '마음을 닫아버렸다'고 생각해야 할 것이다. 따라서 어떤 교섭이든 그

성과를 기대하기란 어렵다고 본다.

눈을 일순간 감으면서 시선을 피하는 것이 버릇인 사람은 자부심이 강하고 다른 사람에게 선뜻 자신을 드러내지 않는 타입이다.

이런 유형은 아이러니하게도 상대가 마음에 들면 철저하게 받아들인다. 다만 마음에 드는지, 들지 않는지는 직감에 의지하기 때문에 이쪽으로서는 가능한 한 테크닉을 쓰지 않는 것이 좋다.

아무튼 교섭 상대로는 어려운 타입이다. 사소한 말 한마디로 마음에 들지 않게 되는 경향이 있기 때문이다. 처음 대했을 때 이러한 행동을 취한다면, 아첨 따위는 통하지 않는 인물이라고 판단하고 조심하도록 한다.

교섭할 때, 약간 거리를 두고 대응하는 편이 도리어 좋은 결과를 낳을 수 있다. 너무 거침없이 상대의 영역에 침범하는 접근 방법은 이런 유형의 인물에게는 절대 금물이다. 상대의 체면을 세워주면서 한 걸음씩 전진해 나아가는 편이 좋을 것이다.

입을 의식적으로 꼭 다물고 있는 사람

입을 꼭 다물고 이야기를 듣는 사람이 있다. 극단적으로 '∧'의 모양을 이루고 있을 때는 거절의 표시이지만, 그렇지 않은 경우에는 상대의 이야기에 관심을 가지고 있다는 표시다.

상대가 손윗사람이든 아랫사람이든 이런 표정을 짓고 있을 때는 '당신의 이야기를 열심히 듣고 있습니다', '당신이 하는 말씀을 충분히 이해합니다'라는 의미의 표현으로 보아도 된다.

다만, 이런 표정 뒤에는 질문이나 다른 의견 등의 사항이 나오게 마련이다. 상대방의 이야기에 귀기울여 듣고 있다가 그후에 자신의 의견을 말하고자 할 때, 이런 표정이 연출되기 쉬운 것이다.

비즈니스 교섭 자리에서 상대방이 이러한 표정을 보인다면, 적어도 이쪽의 이야기에 무관심하지는 않다고 판단해도 좋다.

음성이 지나치게 큰 사람

음성이란 곧 그 인물의 본질을 나타낸다고 할 수 있다. 나약한 음성은 소심한 성격을, 쇳소리가 나면서 높은 음성은 비위나 분위기를 잘 맞출 줄 아는 성격을, 낮고 가라앉은 음성은 도량이나 배짱이 큰 성격을 암시한다.

타고난 본래의 음성이 큰 사람은 존재감이 있고 자기 주장이 강하며 자신감이 있는 성격의 소유자다. 비즈니스 업무에서도 실력을 갖추고 있는 경우가 많다.

이러한 타입은 낯선 사람을 의식하거나 경계하는 일도 거의 없고 언제나 당당하게 행동하며 누구와도 쉽게 친해진다. 음성이 큰 만큼 주변인들이 본능적으로 카리스마를 느끼며 그에게로 끌려오는 일면도 있다.

자신감을 가지고 있으므로 그런 면을 부추겨주면 좋아하는 순수한 면도 있다.

"당신을 알게 되어 다행입니다."

"모두가 당신에게 의지하려는 이유를 알 것 같습니다."

다만 자부심이 강한 만큼 서투르게 치켜세우면 오히려 역효과가 날 수 있으므로 주의해야 한다.

이런 인물과 정면으로 부딪치는 것은 좋은 전략이 아니다. 만약 자신과는 맞지 않는 타입이라고 생각한다면, 의식적으로 거리를 두고 대하도록 한다.

말을 약간 더듬는 사람

극단적인 경우는 별도로 치고, 약간 말을 더듬거리면서 이야기를 하는 사람 중에는 머리가 좋은 사람이 많다. 하고 싶은 이야기가 연달아 머리에 떠올라서 그 스피드에 미처 말이 따라주지 않는 것이다.

이런 사람들은 대개 지식이 풍부하며 판단력이 뛰어나다. 그렇기 때문에 이런 타입에겐 어설픈 잔재주가 통하지 않는다. 한편, 어떤 전문적인 일에 관하여 상대가 풍부한 지식을 지니고 있다면 그때부터 무조건 존경해버리는 일면도 가지고 있다. 다시 말해 상대의 지적인 수준을 순간적으로 판단하여, 그에 따라 교제 여부를 결정해버리는 타입이다.

머리는 우수하지만 의외로 어떤 특정한 것에 열등감을 품기 쉬운 타입이기도 하다. 열등감의 대상은 학력, 성장 과정, 환경, 용모, 말투 등 여러 가지인데, 어떤 의미에서는 섬세하고 신경질적이다. 따라서 교제하는 측에서는 말을 조심히 할 필요가 있다.

교섭할 때 논리적으로 말해야 하는데, 너무 장황하게 늘어놓지 말고 단도직입적으로 이야기를 하는 것이 좋다.

윤기 있는 얼굴, 생기 있는 음성

얼굴의 윤기는 그 사람의 현재 상태를 드러낸다. 지인 중 사업
에 실패한 사람이 있다. 돈을 마련하기 위하여 여기저기 정신없이
뛰어다니는 그를 우연히 만난 적이 있다.

회사가 별 문제 없이 잘 돌아가고 있을 때는 얼굴에 윤기가 돌
았고 활기가 넘쳐 보였다. 그러나 금전 압박에 시달리는 그는 완
전히 다른 사람처럼 보였다. 피부에 윤기가 사라지고 얼굴색도 거
무스름하게 변했다. 특히 이마의 양끝 부분이 타원형으로 검게 착
색되어 있는 것이 눈에 띄었다.

만약 당신에게 누군가가 무슨 부탁을 하러 왔을 때 그 사람의
얼굴에 윤기가 없고 목소리에 기운이 없다면, 상당히 몸 상태가
나쁘거나 금전적으로 어려움에 처해 있다고 보아도 좋을 것이다.

이럴 때 상대에게 돈을 빌려줄 것인지 말 것인지는 당신의 판단
여하에 달려 있지만, 돈을 빌려준다면 그 돈을 되받지 않을 생각
으로 주는 편이 현명할 것이다.

반대로 언제 보아도 얼굴에 윤기가 흐르며 목소리에 의욕이 넘
치는 사람이 있다. 표정이 밝아서 일이 잘 풀리는 것인지, 일이 잘
풀려서 표정이 밝은 것인지는 알 수 없지만, 여하튼 이런 사람과
는 적극적으로 교제를 지속하는 것이 바람직하다. 경험을 통해 볼
때, 길상(吉相)의 인물 곁에 있으면 나에게도 좋은 일이 찾아오는

경우가 많다.

표정이 변하지 않는 사람

비즈니스 자리에서 희로애락을 노골적으로 드러내는 것은 그다지 바람직하지 않다. 그러나 그것도 정도의 문제로, 다소의 감정적인 표현은 필요하다. 감정의 기복이 너무 심해서는 안 되지만 기쁠 때는 기쁜 얼굴, 난처한 상황에서는 난처한 표정을 지을 줄 아는 사람이 비즈니스의 자리에서 호감을 살 수도 있기 때문이다.

그런데 개중에는 거의 표정을 바꾸지 않는 일관적인 타입의 인물이 있다. 만약 당신 앞에 이런 유형의 사람이 등장하였다면, 단시간 내에 가까운 관계가 될 거라는 기대는 하지 말아야 한다. 시간을 들여 조금씩 서로를 이해하고, 그런 과정을 통해 점진적으로 신뢰관계를 구축하는 방법을 써야 한다.

시종일관 표정을 바꾸지 않는 사람은 논리적인 사고의 소유자인 경우가 많다. 좋게 말하자면 조리 있게 이치를 내세워 차분히 생각하는 타입이고, 나쁘게 말하자면 제삼자적인 입장에서 매사를 언급하는 평론가 타입이다.

어떤 의뢰를 할 경우에도 좀처럼 "좋아, 나에게 맡겨둬", "알았어, 어떻게든 힘을 써보도록 하지"라는 이야기는 하지 않는다. 따라서 제삼자적인 입장에서 의견을 들어주기 바라는 형태로 힘을 빌리는 것이 좋다.

건장한 체격에 음성 톤이 높은 사람

체격이 듬직한 사람은 위풍당당한 이미지를 준다. 이러한 사람은 그곳에 있는 것만으로도 존재감을 준다.

그런데 체격은 좋지만 얼굴 모습에서 빈약함을 풍긴다거나 걸음걸이가 구부정하거나 하면 그 존재감은 상쇄된다. 이런 경우에는 도리어 체격이 듬직한 것이 해가 되어 결점이나 약점이 부각된다.

또한 체격이 좋은 사람이 음성이 너무 크거나 행동이 경박한 경우에도 주위에 눈살을 찌푸리게 한다. 특히 비즈니스 자리에서는 존재감이 있다는 사실 자체는 바람직하지만 그것이 너무 지나치면 오히려 마이너스 요인이 된다.

그렇다면 체격이 좋은 사람으로서 비즈니스에 성공하는 사람은 어떤 타입인가? 여러 가지 조건이 있겠지만, 그중 하나로 '음성이 부드러운 사람'을 들 수 있다. 체격이 좋고 박력이 있는 한편, 의외로 어조가 부드럽고 음성도 듣기 좋다면 주변 사람들은 그에게 상당한 호감을 갖게 된다. 이는 확실히 비즈니스에서 플러스 요인이 된다.

외관상 온화해 보이는 사람

비즈니스 자리에서 피상적으로만 상대의 타입을 100퍼센트 판단할 수 없음을 이미 언급했다.

대단히 온화해 보이는 사람이 실제로도 온화한지는 자세히 관찰하지 않는 한 정확히 알 수 없다. 또한 '온화하다'는 것도 상대에 따라서 그 의미가 달라진다.

예컨대 어떤 사람이 정년을 얼마 남겨두지 않은 상태에서 이사 직에 취임했다고 가정해보자. 그로서는 남은 기간 가능한 한 사내 에서 풍파를 일으키지 않고, 또한 적을 만들지 않은 상태로 무사 히 정년을 맞이하고 싶어 할 것이다.

이런 식으로 생각하고 있는 인물이라면 외관상으로는 분명히 온화해 보일 것이다. 하지만 이 경우의 온화는 무능함과 같은 의 미인 셈이다.

시험 삼아 이런 타입에게 어떤 일을 의뢰해본다면, 그는 분명 온화함 그 자체로 대응하며 절대로 거부하지는 않을 것이다. 하지 만 실제로 힘이 되어주기 위한 어떤 행동은 기대할 수 없을 것이

다. 이런 유형은 파벌을 만들지 않는 것, 적을 만들지 않는 것, 실수를 저지르지 않는 것에 온 신경이 가 있다. 요컨대 자신을 보호하는 일밖에는 관심이 없는 것이다.

비즈니스 파트너는 정말로 실행력이 있으면서도 인간성이 좋은 인물이어야 한다. 그러므로 단순히 외면상의 '온화함'에 속아 넘어가지 않도록 조심해야 한다.

나약한 눈매를 가진 사람

나약해 보이는 눈매를 가진 사람은 실제로도 나약한 경우가 많다. 눈은 거짓말을 못 한다. 그래서 분노, 기쁨, 슬픔 등 상대의 마음을 읽고자 한다면, 표정이나 태도가 아닌 눈에 주목해야 하는 것이다.

확실히 나약해 보이는 눈매를 가진 사람에게는 어딘지 모르게 불안정하거나 자신이 없어 하는 것을 느낄 수 있다.

하지만 이런 타입을 대할 때 상대가 나약해 보인다 하여 고압적인 태도를 취해서는 안 된다. '궁지에 몰린 쥐가 고양이를 문다'는 말이 있듯이, 이런 타입의 사람도 자신의 약점을 잘 알고 있는 만큼 그 점을 노리고 다가오는 사람에 대해서는 맹렬한 반감을 품기 때문이다.

물론 반감을 품었다고 해서 그 감정이 직접적으로 표출되는 것은 아니지만, 훗날 뜻하지 않게 반격을 당할 수도 있다. 따라서 나약해 보이는 사람에게는 다른 사람 이상으로 더 신경을 써서 대해

야 한다. 즉, 항상 다정하고 친근한 배려의 마음으로 접근하는 것
이 이 타입에게 유효한 전략이다.

자기 자랑이 심한 사람

지나치게 자기를 자랑하는 사람이 있다. 자신을 인정해주기 바
라는 것은 인간의 원초적 욕구이기에 자랑을 늘어놓고 싶어 하는
그 심정을 이해하지 못하는 것은 아니다. 그러나 자신이 얼마나
실력이 있는지, 주변에서 얼마나 인정을 받는 인물인지에 대한 장
황한 이야기를 들어주기란 고역이 아닐 수 없다.

게다가 자신의 능력을 과시하는 것에 한술 더 떠 "연예인 누구
와 눈빛만 보아도 마음이 통하는 친한 사이"라든가 "정치인 누구
와 자주 술자리를 함께하는 사이"라는 종류의 이야기까지 서슴없
이 해댄다면 들어주는 입장에서 그는 피곤한 상대일 수밖에 없다.

이는 결국 유명인과 대등하게 교제할 수 있는 자신을 어필하고
싶어 하는 마음에서 비롯된 것이다. 이런 유형은 자기 과시 욕구가
보통 사람 이상으로 강하기 때문에 무시를 당하면 견디지 못한다.

이런 인물과 교제할 때는 묵묵히 그 이야기를 들어주는 것이 최
선책이다. 상대가 실제로 실력을 갖추고 있는지 여부는 상관없다.

섣부르게 무시하여 상대의 기분을 상하게 한다면, 훗날 곤경에
처할 수도 있다. 이런 타입은 이야기를 잘 들어주며 기분 좋게 해
주면 되는 것이다.

눈을 크게 뜨고 이야기하는 사람

상대를 위압적일 만큼 뚫어지게 바라보며 이야기하는 사람이 있다. 이런 타입은 앞서 언급한 '꼼짝 않고 상대를 주시하는 타입'과 비슷해 보인다. 그러나 분명 차이점은 있다. 바로 필요 이상으로 눈을 크게 뜬다는 점이다. 이는 무슨 일이 있더라도 자신의 의견을 내세우고자 하는 고압적인 의지 표출인 것이다.

이런 타입과 이야기할 때는 똑같은 태도로 대응해서는 안 된다. 서로 충돌할 수 있기 때문이다. 상대가 위압적인 태도로 나올수록 오히려 마음을 가라앉히고 담담하게 이야기를 하도록 한다.

눈을 크게 뜬다는 것은 나약함을 감추기 위한 또다른 면이기도 하다. 크게 부릅뜬 눈을 통해 자기 마음속을 보이고 싶지 않다는 의식이 필요 이상으로 드러나는 것이다. 그런 심리를 이해한다면, 고압적인 시선도 개의치 않을 수 있다.

이러한 눈초리를 보내는 사람과 타협하는 일은 단념하는 편이 좋을지도 모른다.

이런 타입은 상대가 제시한 의견에 "잘 알겠소, 당신 의견이 옳은 것 같소. 그 방법대로 해봅시다"라는 말은 결코 하지 않기 때문이다.

따라서 이쪽의 정당성을 주장하고자 논쟁하려는 생각을 하지 말고, 적절히 요령 있게 질문하고 의견을 물어서 상대가 바람직한 방향으로 결론을 이끌도록 유도해야 한다.

손가락을 자주 움직이는 사람

이야기 도중에 책상 따위를 손가락으로 두드리거나 하는 사람이 있다. 이런 행위는 어떻게 판단해야 할지 갈피를 잡지 못하고 있다는 표시다.

이야기를 나눌 때 이런 동작을 취하고 있다면, 상대가 무엇인가 이야기를 하고 싶어 한다고 보아야 할 것이다. 따라서 이 경우, 이쪽에서 질문을 하는 형태로 적절하게 의견을 유도하는 것이 바람직하다.

반대로 자신이 이야기를 하면서 이런 동작을 하는 사람은 생각이 정돈되어 있지 않다는 증거다.

또한 손가락을 깍지 끼고 이야기를 하는 사람은 자신의 성실함을 상대에게 어필하고자 하는 것이다. 어떻게든 이야기를 들어주었으면 하는 심정이 그런 동작으로 표출되는 것이다. 상대가 손가락을 깍지 끼고 이야기를 시작한다면, 중대한 부탁이나 진지한 상담거리가 있다고 생각하는 것이 좋다.

듣는 사람이 손가락을 깍지 끼고 있는 경우, 이는 상당히 진지하게 이야기를 들어주고 있다는 증거다.

비즈니스 자리에서 상대가 이런 동작을 취하고 있다면 적어도 이쪽의 이야기에 무관심하지는 않다는 표시로 받아들여도 좋다. 강인하게 밀고 나가면 의외로 성공할 확률이 높다.

부정적인 말을 하는 사람

평상시 언제나 부정적인 이야기밖에 하지 않는 사람이 있다. 어떤 새로운 것을 제안해도 "그건 어렵지 않을까?", "해보아도 소용없다"라고 부정적인 말을 먼저 입에 담는 것이다. 그렇다고 대안을 제시하지도 않는다.

한마디로 그저 마이너스 사고, 부정적인 자세가 완전히 몸에 밴 것이다. 이런 유형의 사람과는 너무 깊이 관여하지 않는 것이 상책이다. 만약 비즈니스 자리에 이런 인물이 나왔다면, 그 어떤 제안도 무용지물이다. 따라서 일찌감치 철수하여 다른 상대를 찾는 것이 현명하다.

만일 운 나쁘게도 이런 유형의 사람이 상사가 되었다면, 무엇보다 수비의 태세를 완벽하게 갖추어 실수를 보이지 않도록 해야 한다. 야구로 말하자면 투수전(投手戰)인 셈이다. 점수를 얻기보다도 점수를 주지 않는 방법을 생각하는 수밖에 없다.

웃는 표정이 좋아 보이는 사람

엄격한 표정, 입 꽉 다문 표정은 의외로 쉽게 만들 수 있다. 그러나 좋은 인상을 풍기는 미소 띤 얼굴은 그리 쉽게 만들 수 있는 것이 아니다.

배우의 세계에서도 우는 연기는 비교적 쉽지만 웃는 연기는 어렵다고 한다. 그만큼 웃는 표정을 자연스럽게 연기한다는 것은 어렵다.

웃는 표정에는 그 사람의 본질이 담겨 있다. 웃는 얼굴에도 여러 종류가 있다. 억지로 꾸민 웃음, 비웃는 웃음, 마지 못해 따라 웃는 웃음 등등……. 그중에서도 정말로 좋은 인상을 풍기는 미소를 짓는 사람이 있다.

지인 중에도 언제나 비즈니스의 최전선에서 누구보다 열심히 일하며, 어린아이같이 천진난만한 미소를 보이는 사람이 있다. 그의 모습을 보는 것만으로도 '신용할 수 있는 사람', '멋진 사람', '능력이 있고 포용력이 있는 사람'으로 여겨지니 참으로 이상하다.

웃는 모습은 인물을 판단하는 기준이 되기도 한다. 비아냥거리는 듯한 웃음을 짓는 사람은 비판가인 경우가 많으며, 억지로 꾸민 웃음을 보이는 사람은 대개 앞뒤가 다른 사람이다.

반대로 마음까지 누그러지게 만드는 천진난만한 미소를 보이는 사람은 신용할 수 있는 인물이다.

친숙한 듯이 말을 건네는 사람

그다지 친한 사이가 아닌데도 이상할 만큼 친숙하게 말을 걸어오는 사람이 있다. 친밀하게 행동함으로써 인간관계를 원활하게 만들고자 하는 생각에서 그런지 모르지만, 비즈니스 자리에서 이렇게 행동하는 사람은 경계할 필요가 있다.

필요 이상으로 친밀하게 다가오는 태도에 넘어가 방심하게 되면, 잇달아 여러 가지 요구를 해오게 된다. 분명히 말하건대, 도가 지나칠 만큼 친숙한 태도로 접근한다는 것은 무언가 꼼수가 있는 것이다.

'이 사람은 내가 이런 태도를 취해도 쉽사리 넘어갈 거야.'

'마음이 약해 보이니 잘 구슬리면 넘어올 거야.'

'내가 이 사람보다는 한 수 위이니 이런 식으로 대하면 될 거야.'

상대는 이쪽을 다루기 쉬운 상대라고 미리 규정하는 것이다. 그러한 생각이 허물없고 친숙한 태도로 표출되는 것이다.

이런 유형의 사람에게 이용당하지 않기 위해서는 확실한 태도를 취해야 한다. 그 모습이 불쾌하다면, 그 감정을 명확히 밝혀야 한다.

이러한 유형은 의외로 소심한 성격의 소유자가 많으므로 상대가 강하게 나오면 별안간 태도를 바꾸기도 한다. 따라서 필요 이상으로 상대가 허물없고 친숙하게 나온다면, 단호한 태도로 빈틈을 보여서는 안 된다.

눈을 치켜뜨고 상대를 보는 사람

괜시리 눈을 위로 치켜뜨고 상대를 보는 사람은 자신이 없다는 증거다. 교섭 자리에 이런 유형의 사람이 나온다면, 강인하게 밀어붙이는 것이 좋다.

즉, 조리 있게 이치를 내세워 주장하면 상대는 자신감이 없는 만큼 그 논리에 넘어갈 가능성이 높아지는 것이다.

어떤 상품을 파는 경우, 자신만만한 태도를 견지해야 한다.

"이 상품을 사면 반드시 유익할 것입니다."

"이보다 더 좋은 찬스는 두 번 다시 없습니다."

이런 식으로 강하게 밀어붙이면 성공할 확률이 높다.

만일 파는 쪽이 조금이라도 확신을 갖지 못한 태도를 보이게 되면, 상대는 결단을 내리지 못한다.

"조금만 더 기다리면 좀 더 싸게 살 수 있지 않을까요?"

"글쎄요, 더 싸질 가능성이 있기는 하지만……."

이런 식으로 대답해버리면 상대는 그만 꽁무니를 뺄 것이다.

"이 이상 싸게 살 수는 절대 없습니다"라는 식의 명확한 답변에 설득당하는 것이 바로 이런 유형이다.

덧붙여, 이런 타입에게는 A와 B라는 상품이 있을 경우, 어느 쪽을 택할 것인가를 판단하도록 유도하는 판매 방법은 좋지 않다. 이런 방법은 갈피를 잡지 못하게 만들 뿐이다.

"A가 더 좋습니다"라든가 "B로 정하시지요" 하는 식의 확신에 찬 말투로 권유하면 상대는 결단을 내리기 쉬울 뿐 아니라, 설령 나중에 후회스런 생각이 들더라도 "이것이 더 좋다고 그렇게 강력히 주장한 물건이니까 좋은 점이 있겠지" 하고 자신을 납득시킬 것이다.

얕보는 듯이 쳐다보는 사람

상대를 얕보는 듯한 눈으로 쳐다보는 사람은 자부심이 강한 사람이다. 기본적으로 상대는 자신보다 수준이 낮다고 생각한다.

그렇기 때문에 상대의 기분을 고려하지 않은 채 그저 나오는 대로 하고 싶은 말을 내뱉는 경우가 많다. 그래서 적을 만들기 쉬운 타입이기도 하다.

만약 이런 유형의 사람과 부득이 교제를 해야 한다면, 무엇보다도 상대를 세워주는 것이 중요하다. 거침없이 툭툭 내뱉는 말에 반론을 제시한다거나 화를 낸다면, 그걸로 관계는 끝난다.

"당신한테 그 말을 듣고 보니 감탄했습니다. 정말 못 당하겠는데요?"

이처럼 가볍게 응수하며 흘려 보내는 것이 교제를 위한 가장 좋은 방법이다.

이런 식으로 받아넘기면 상대는 어느 순간 툭툭 내뱉는 말을 하지 않게 된다. 하지만 상대의 말마다 벌컥 화를 낸다거나 반론을 제시하면, 다음에 만날 때도 신랄한 태도를 거두지 않을 것이다.

맞춰주는 대응법으로 상대의 태도를 얼마든지 바꿀 수 있으니, 적절한 요령을 터득해보자.

얼굴은
그 사람의 이력서다

상대도 나를 보고 있다. 좋은 인간관계를 유지하며 비즈니스에서 성공을 거두려면 표정, 태도, 행동에 많은 신경을 써야 한다.

자신이 없는 표정, 혹은 교활해 보이는 표정을 짓고 있으면 사람들이 접근하지 않는다. 언제나 웃음을 띠며 넉넉한 표정을 짓고, 태도와 행동에서 자신감을 드러내는 이에게는 사람들이 모여들게 마련이다.

'얼굴은 그 사람의 이력서'라는 말이 있듯이, 그 사람이 어떤 삶을 살아왔는가 하는 것은 얼굴에 그대로 드러난다. 얼굴 생김새의 문제가 아니다. 자신감이 없는 인생을 산 사람은 자신감이 결여된 얼굴 표정을, 자신감을 가지고 살아온 사람은 자신감이 넘치는 얼굴 표정을 하게 된다.

자신감에 넘치는 얼굴을 의식적으로 만들면 정말로 자신감이 넘쳐날 수 있다. 이것은 외형적인 면을 의식적으로 만들어 나아가다 보면 어느 사이엔가 거기에 상응해서 내면적인 부분도 변화되기 때문이다.

여기서 잠시, 자신감 넘치는 태도를 몸에 익히는 데 참고할 만한 것을 소개하겠다.

우선 선 자세는 양발이 힘 있게 지면을 디디고 있는 자세가 바람직하다. 명배우가 다부지게 무대에 뿌리를 내리고 서 있는 듯이 말이다.

등줄기는 똑바로 펴서 정수리가 하늘을 찌를 듯한 자세를 취하는 것이 좋다. 또한 걸음걸이는 호랑이 같은 자세가 좋다. 호랑이는 온몸을 그다지 쓰지 않고 다리만 미끄러지듯 걷는데, 인간의 경우도 상반신은 고정시킨 채 하반신만 이용해 걷는 자세가 좋다.

상대를 간파하는 것도 물론 중요하다. 그러나 그것과 동시에 자신을 연마하는 일을 태만히 해서는 안 된다.

자신을 연마하지 못하면 매력 있는 얼굴 표정도 연출할 수 없다. 중요한 것은 자신의 인생을 얼마나 소중히 생각하느냐에 달려 있다. 한 번뿐인 일생을 소중히 여기는 사람은 자신의 모든 면을 연마시켜 높은 수준으로 끌어올리려고 노력한다. 그래서 매력적인 사람이 되는 것이다.

제아무리 상대를 꿰뚫어보는 예리한 통찰력을 지녔을지라도 정작 자신에게 매력이 없다면 아무런 의미가 없다.

매력적이려면
질투심을 버려라

인간적인 매력이라고 할 때, 그 '매력'은 다양하다. '성격이 호탕하다', '성격이 밝다', '배려심이 있다', '인정이 많다' 등등……

분명 매력이 없다면 다른 사람을 움직일 수 없다. 제아무리 인간을 통찰할 수 있는 안목이 있을지라도 매력이 없다면 그 기술을 활용할 수가 없다.

예컨대 부하나 상사가 어떤 타입의 인물인지 훤히 알고 있을지라도 단지 그 사실만으로는 아무런 힘이 되지 못한다. 물론 인간관계를 원활하게 하는 데 다소 도움은 될 테지만, 어떤 큰일을 시도하고자 할 때 그들이 '부장님을 위해서라면 발 벗고 나서야지', '김대리를 위해서 이 기회에 한번 힘껏 밀어주자' 하는 생각이 들도록 만드는 데는 한계가 있다.

그렇기 때문에 사람들이 좋아할 만한 인간적인 매력을 갖추어야 하는 것이다.

그렇다면 인간적인 매력을 연마하기 위해서는 어떻게 해야 할까? 여러 가지 방법이 있겠지만, 그중 우선시해야 할 일은 '질투심'을 버리는 것이다.

사실 이것은 말하기는 쉬우나 실행에 옮기기란 꽤 어렵다. 인간에게는 '남의 집 화재가 크게 날수록 재미있다'라는 비열한 심리가 있기 때문이다.

상대의 결점을 들춰낸다거나 험담을 하는 행동도 자신이 좀 더 우위에 서고 싶고 남의 불행을 통해 자신의 행복을 확인하고자 하는 심리에서 발생하는 것이다. 그러한 마음의 밑바닥에는 '질투심'이 도사리고 있다.

질투심이 강한 사람에게는 사람들이 따를 만한 매력이 절대로 없다.

'남을 저주하면 무덤이 두 개, 남을 축복하면 복이 두 개'라는 말이 있다. 타인의 실패를 반기는 사람에게는 그 자신에게도 실패가 따라붙고, 타인의 성공을 진심으로 축복하는 사람에게는 성공이 따라붙는다. 그렇기 때문에 질투심을 버리는 것이 중요하다.

다른 사람을 간파하는 것은 중요한 일이지만, 언제나 상대의 단점만을 찾아내고자 하는 인간이 되어서는 안 된다.

매사 타인의 결점 찾기에만 골몰한다면, 결코 매력적인 사람이 될 수 없다.

'나에게는 없는 이런 장점을 가지고 있구나.'

'이런 점이 나보다 나은 사람이야.'

'내가 모르는 그 분야에 대한 지식까지도 그는 잘 알고 있어.'

이런 눈으로 상대를 보게 되면, 자연스레 그러한 자신의 심정이 상대에게도 전달된다. 그러므로 상대방도 마음을 열게 되는 것이다.

거듭 강조하지만 다른 사람의 단점만을 들추어내는 사람에게는 사람이 따르지 않는다. 사람은 자신의 장점을 인정해주는 이에게 붙게 마련이다. 이것이 인간의 기본 심리다.

자신의 매력을 연마하기 위해서도, '사람 보는 눈'을 인간관계에 살리기 위해서도 다른 사람의 성공을 순수한 마음으로 기뻐해주고 장점에 눈을 돌릴 수 있는 매력적인 인간이 되기 위해 노력해보자.

① 문제가 발생했을 때 곧 해결책을 생각한다.

② 회의 때 다른 사람보다 많은 의견을 내는 편이다.

③ 놀 때도 열성적인 타입이다.

④ 자신의 일에 긍지를 가지고 있다.

⑤ 남을 가르치는 일을 좋아한다.

⑥ 업종이 다른 사람이나 나이 차가 있는 사람과의 교제도 원활하게 이끌어갈 수 있다.

⑦ 처음 만난 사람과도 별 어려움 없이 대응할 수 있다.

⑧ 인내력이 강하고 지속성이 있다.

⑨ 아이디어나 착상을 구체적으로 실현하기 위해 노력한다.

⑩ 새로운 것과 진귀한 것에 항상 흥미를 갖는다.

⑪ 남에게 지기 싫어하며 오기가 강한 편이다.

⑫ 새로운 것을 시작할 때, 성공할 것으로 생각한다.

⑬ 자신의 장점을 열 개 이상 들 수 있다.

⑭ 자신은 능력 있는 사람이라고 생각한다.

이상의 설문 중에서 당신은 '예'를 몇 개나 선택하였는가? 겨우 하나뿐이라 하더라도 긍정형의 요소를 지니고 있는 것이므로, 위의 모든 사항에 '예'라고 자신 있게 답할 수 있는 긍정적인 발상의 밝은 인생으로 전환할 수 있을 것이다.

만일 '예'라는 대답이 하나도 나오지 않았다면, 부정적 인간형의 자신을 긍정적 인간형으로 전환할 수 있는 구체적인 방법을 생각해보자.

Chapter 3

관상으로
상대를 간파하는 법

관상학을 통해
간파한다

수천 년에 걸쳐서 인간의 유형을 판단하고자 고안해낸 것이 바로 '점(占)'이다.

흔히 '점이란 맞을 수도 있고 안 맞을 수도 있다'고 하지만 어떤 면에서 점은 뛰어난 통계학이다. 옛 선인들이 오랜 기간에 걸쳐 내놓은 결론에는 귀를 기울일 만한 가치가 있다. 이는 실제의 비즈니스 상황에서도 충분히 활용할 수 있는 내용이 있는 것이다.

사실 인상학(人相學)에 대한 책을 펼쳐보아도 '확실히 맞다'고 수긍할 수 있는 부분이 많은 것에 놀라울 뿐이다. 그것은 인상학뿐만 아니라 골상(骨相), 수상(手相)에 대해서도 마찬가지다. 점은 인류 지혜의 보고인 셈이다.

과학적으로 조사하고 분석하여 얻어진 결과는 아닐지라도 거기

에는 오랜 세월에 걸친, 우리 선조가 쌓아온 지식과 지혜가 집대
성되어 있다. 어쩌면 점이란 서양식의 과학적 조사나 분석 결과
이상으로 인간의 본질을 꿰뚫고 있는 기술일지도 모른다.

여기에서는 인상학, 골상학 등 관상학의 시각으로 상대의 본질
을 간파하는 방법을 소개하고자 한다.

상대에 따라 판단도 달라진다

관상학의 수법으로 상대의 성격을 관찰한다 해도 상대의 성별
이나 연령, 지위 등에 의하여 판단 기준은 달라진다. 상대가 남성
인지, 여성인지, 나이는 몇 살인지, 사회적으로 어떤 위치에 있는
지 등등 입장이 바뀌면 판단 기준도 바뀌는 것이다.

예컨대 인상이나 수상에서도 성별(性別)을 고려하지 않는다면,
'이런 수상이나 골상은 이런 타입'이라고 일관된 결론을 지을 수
가 없다.

일반적으로 남성의 골격은 딱 벌어져 있으며 손의 형태도 굵직
굵직하다. 그에 반해 여성의 신체는 보통 전체적으로 둥근 곡선을
이루고 부드러우며 손도 섬세하고 갸름하다. '손이 가늘고 섬세한
타입'이라고 하여도 그 손의 주인이 남성인 경우와 여성인 경우에
그 견해는 완전히 달라지게 되어 있다.

나이도 마찬가지다. 인간의 얼굴(물론 신체에도)에는 나이가 새
겨져 있다. 나이를 먹어 노쇠해진 이후에는 얼굴의 상(相)이나 신
체에도 변화가 생긴다. 어린 시절에는 언제나 지칠 줄 모르고 건

강하며 기운이 넘치지만 황혼기에 이르면 체력이 약해지고 움직임도 둔해진다.

그러니 아이와 어른, 젊은이와 노인을 놓고 볼 때 자연스레 그 관찰 시각이 달라지게 되는 것이다.

사회적인 지위도 그렇다. 기업에서 정상의 위치에 있는 사람이 가슴을 펴고 있는 것과 신입사원이 똑같이 가슴을 한껏 뒤로 젖히고 있는 것과는 그 해석이 전혀 다르다.

태도에 대한 세밀한 관찰이 별도로 필요하겠지만, 대개 전자는 가슴을 편 자세를 취함으로써 부하를 장악하며 그로 인해 신뢰를 얻어 우두머리로서의 역할을 취한다. 후자의 경우는 열심히 일하고자 하는 의욕이 지나친 나머지 자신의 능력을 과신하며 그저 우쭐한 것일지도 모른다.

이처럼 관상학의 수법은 도식화된 단순한 것이 아니다.

버릇으로
상대의 타입을 알아낸다

다음은 사람의 버릇으로 상대의 타입을 간파하는 방법이다.

버릇은 몸에 배는 것으로, 이미 그 사람의 일부라고 할 수 있다. 그런 까닭에 그 사람의 내면을 여실히 드러낸다.

이제 우리 주변에서 흔히 볼 수 있는 버릇을 통해 그 타입을 관상학의 입장에서 분석해보자.

의자에 앉으면 곧장 다리를 꼬는 사람

이런 유형은 성격이 상당히 적극적이며 대담하다. 야심가로서 생각한 것을 금방 실행에 옮기는 타입이다. 그러나 사생활에서는 꼼짝하기 싫어하는 경향이 있다.

견실해 보이고 다부지기도 하지만 약간 경박한 일면도 있다. 모든 것을 개성적으로 처리하며 인생을 살아가고자 한다. 사교적이지만 때로는 타인과 마찰을 일으키는 경우도 있다. 원만한 인간관계를 원한다면, 자기 주장은 약간 굽히는 편이 바람직할 것이다.

운동신경도 발달하고 비교적 건강에 문제가 없지만, 굳이 말하자면 요통을 주의해야 한다. 언제나 다리를 꼬지 않고는 견딜 수 없으므로 허리뼈가 약간 어긋나 있을 수 있다. 그것의 균형을 잡고자 하는 것이 원인으로 작용하는 경우도 많다. 또한 등뼈의 어긋남으로 인해 내장의 움직임이 방해받기 쉬우므로, 설사나 변비에 시달리는 경우도 많다.

일에 관해서는 독자성이 뛰어나므로 기획을 담당하는 일 등이 적합한 타입이다.

대화 중에 턱을 자주 만지는 사람

이러한 동작은 눈앞에 있는 사람과의 대화에서 무엇인가 석연치 않은 점이 있거나 경계심을 품고 있을 때 자주 나타난다.

만약 당신의 이야기 상대가 이러한 동작을 하고 있다면, 나의 이야기를 잘 이해하지 못하든가 반감을 품고 있다고 생각하는 편이 좋을 것이다.

또한 상대가 너무 깊은 생각에 빠지는 바람에 몹시 초조해질 때도 이러한 동작을 취할 수 있다. 따라서 이 경우에는 말투를 약간 부드럽게 바꾼다든지 농담을 적당하게 섞어 분위기를 환기시키는 것이 좋다.

턱을 만지는 것이 버릇처럼 되어버린 사람은 무슨 일이든 신중한 타입이며 경계심이 강하다. 때때로 대담한 행동을 취하기도 하지만, 그 내면은 섬세하고 겁이 많으며 의존심이 강하고 외로움을 잘 타는 사람일 확률이 높다.

다만, 무슨 일로 인하여 고민하고 있지만 일단 결단을 내리면 그것을 실천에 옮기는 행동력은 빠르다. 다른 사람들에 대한 싫고 좋음이 분명하다.

자신과 잘 맞는 타입이라고 생각하게 되면 더할 나위 없이 잘 대해주는 사람이다. 인간관계는 스스로가 그 범위를 제한하므로 친구가 그다지 많지 않은 타입이다.

이 타입은 생각하는 것이 지나쳐서 화가 되어 위장장애를 일으키기 쉽다. 또한 간장도 약해 알코올은 가능한 한 절제할 필요가 있다.

일에 관한 한 머리가 좋은 편이므로 때로는 전투적이 될 수도 있다. 상대가 이런 타입이라면 이쪽 입장에서는 신중하게 대하는 편이 좋다.

스스로에게 자신이 없으므로 과감한 일은 좀처럼 벌이지 못한다. 실패를 두려워한 나머지 돌다리도 두드릴 만큼 신중하게 건너는 타입으로, 세밀한 일은 꼼꼼하게 잘 처리하지만 대개 융통성이 없는 편이다.

항상 무릎을 떨고 있는 사람

무슨 일을 하여도 오래 지속하지 못하는 경향이 있다. 때문에 갖추고 있는 지식도 그 깊이가 얕다.

성격이 급한 반면에 언제나 무엇인가로부터 평온함을 찾고자 하는 경향이 있다. 유달리 남에게 뒤지기 싫어하는 성격 탓에 무슨 일이든 일단 도전해보는 면도 지니고 있다.

성격은 좋은 편이나, 좋지 못한 일을 오랫동안 마음 깊이 간직하는 일면도 있다. 따라서 가능한 한 거슬리는 언행은 하지 않는 편이 좋다. 언제나 마음 한구석에서 무엇인가를 해야 한다는 중압감이 자리잡고 있으므로 늘 무엇인가를 추구하려고 한다.

자신이 추구하는 것을 뜻대로 실행하지 못할 경우, 여기에서 오는 초조감으로 위에 통증을 느끼는 경우도 있다. 그래서 간장에도 쉽게 무리가 온다.

업무에서는 다른 사람에게 구속받기를 싫어하므로 프리랜서가 적합하다. 요령 있게 일을 잘 처리하지만 교제 측면에서 서툰 경향이 있으므로 회사 조직 속에서는 손해를 입기 쉬운 타입이다. 자신의 페이스대로 일을 진행시켜 나가므로 다른 사람을 육성하는 것은 서툴다.

이러한 타입에게는 장황하게 이야기하기보다는 요점만 딱 짚어 이야기하는 방식이 효과적이다.

이따금 다리를 떠는 사람

머리 회전이 빠른 사람이다. 행동파로, 성격이 급한 일면도 있다. 마음 한구석에 채워지지 않은 것이 있어서 언제나 초조감에 휩싸여 있다.

응석받이 같은 구석이 있기는 하지만 필요시에는 자신의 감정을 컨트롤할 줄도 안다. 적극적으로 사람들을 리드하는 타입으로, 좋아하는 사람에게는 부드럽고 성실하다. 자기 중심적인 일면도 있지만 상대에 대한 배려심도 있다.

언제나 의욕에 가득 차 여기저기 뛰어다니는 것을 보면 천성적으로 건강하지만 기관지 계통에 약점이 있다.

일에서는 사무처리 능력이 남보다 뛰어나다. 사람에 따라서는 접객업이나 영업에 적합한 경우도 있다. 다른 사람들을 잘 이끄는 힘이 있으므로 남들보다 위에 서 있는 경우가 많다. 다만 젊은 시절에는 섣부른 판단으로 인한 실패로 고생을 하기도 한다.

붙임성이 좋고 성실하기 때문에 상사의 신뢰를 받는다. 확실하게 일을 처리해 나가므로 책임감 있는 일을 맡겨도 안심할 수 있다. 실업가에게서 많이 볼 수 있는 타입이다.

손가락을 피아노 치듯 움직이는 사람

성격이 의외로 신경질적이지만 꿈을 꾸는 듯한 로맨틱한 면도 있다. 항상 어떤 목표를 향하여 전진하고 있는 사람에게서 많이 볼 수 있는 동작이다.

　창조력과 상상력이 풍부하여 때로는 다른 사람의 이야기를 무심하게 들으며 자신만의 세계에 빠져들기도 한다. 누구 못지않게 배려심이 있지만 생각이 세심한 데까지 미치지 못하는 것이 결점이다. 애교가 있으므로 미움은 사지 않는 타입이다.

　가끔 신경질적이 되기도 하지만 대개 평상시에는 느긋한 타입이다. 몰입의 성향을 가지고 있기 때문에 창작과 관계 있는 일에 적합하다.

　착실히 노력하는 스타일이 아니기 때문에 때로는 큰 실수를 저지르지만, 좋아하는 일에 관해서는 상당한 집중력과 지속력을 발휘한다. 그만큼 유사시에는 굉장한 정력을 발산한다.

　또한 완고한 면도 있다. 이 타입의 사람과 교제할 때는 가능한 한 이야기를 들어주는 편에 서서 조금씩 접근하는 것이 좋다.

팔짱을 즐겨 끼는 사람

이러한 동작을 보이는 타입은 얼핏 신중파처럼 보이지만, 사실 상당한 행동파다. 화제가 풍부하며 밝고 명랑하다.

의외로 심지가 견고하여 자신의 의견을 좀처럼 굽히지 않는다. 매사 약간 느슨한 면이 있어서 자신은 움직이지 않고 다른 사람의 행동을 요구하며 편안함을 즐기려는 경향도 있다. 붙임성이 좋고 사교적이지만 의외로 사람을 가리기도 한다.

일에 관해서는 사람을 보는 관찰력이 있으므로 인사 업무 쪽에 적합한 타입이다. 상당히 머리가 좋으므로 임기응변의 기술을 요하는 일도 잘 처리한다.

자부심이 강한 타입이기 때문에 이런 사람을 상대할 때는 약간 겸손한 태도로 상대를 높여주면서 이야기를 진행하면 좋다.

이런 타입의 인물을 상사로 둔다면, 확실하게 납득이 갈 만한 형태로 대응해야 한다.

연필이나 펜 끝을 물어뜯는 사람

자신의 의견이 뜻한 대로 주변 사람들에게 통하지 않으므로 언제나 불만을 품고 있다. 스트레스를 풀고자 음주를 즐기는 만큼 알코올에 상당히 강하다.

어떻게 하면 다른 사람의 마음에 들 수 있는가를 어느 정도 터득하고 있어 자신이 손해보는 일은 가능한 한 피하려 하지만, 마음이 약한 일면도 있어서 여러 가지로 신경을 쓴 나머지 신경질환에 걸리기도 한다.

이러한 타입의 사람은 성급하여 사소한 일로 곧잘 화를 내는 반면, 응석받이 같고 부끄러움을 잘 타는 일면도 있어서 남성이라면 여성의 모성애를 자극하는 일이 많다.

하지만 이런 타입과 업무 면에서 상대하게 될 때, 약속한 것을 곧잘 잊어버리는 등의 허술한 면이 있으므로 주의를 요한다.

정치가, 소설가, 만화가, 화가 등의 직업도 성격상 잘 맞는다. 약간 편향된 경향이나 성질이 있는 타입이라서 특이한 일이 적성에 맞는다.

이러한 상대에게는 이득이 될 만한 화제를 자연스럽게 제공하여 안심을 시켜놓고 나서 천천히 본론으로 들어가는 것이 바람직하다.

언제나 주머니에 손을 넣고 있는 사람

무슨 일이든 용의주도한 신중파다. 경계심이 강하고 사람을 가리는 경향이 있다. 그러면서도 어린아이처럼 순진하고 호기심도 왕성하다.

막상 어떤 사람을 신용하게 되면 끝까지 돌보아주고 여러모로 힘이 되고자 애를 쓴다.

자신의 개인적인 것에 대해서는 다른 사람에게 별로 이야기하지 않는다. 따라서 이런 사람과 대화할 때는 사적으로 깊이 파고드는 것은 피하는 게 좋다.

겸연쩍은 모습을 감추고자 지나치게 담배를 피우기도 한다. 그래서 호흡이 얕아지기 쉬운 탓에 폐기능이 약하다. 타인의 비판을 두려워한 나머지 일을 지나치게 떠맡아서 과로로 쓰러지는 것도 바로 이 타입이다.

대개 머리는 좋으나 임기응변에 약하다. 방침이나 원칙, 체제를 중시하며 일을 하는 타입이라 정작 긴급할 때는 미덥지 못한 면도 많다.

책략적으로 해결하려는 일면도 있으므로 업무상 교제를 하게 된다면, 우선 신용을 얻고 나서 시작하는 편이 원만하게 일을 진전시킬 수 있다.

타인의 세세한 마음 씀씀이를 인식하지 못하는 경우가 많으므로 이러한 사람에게는 어느 정도 본인이 알 수 있도록 직접적으로 알려주는 것이 좋다.

자유업, 탤런트, 운송업, 음식업 등이 적합하다.

지금까지 버릇을 통한 각 유형을 알아보았다. 비즈니스 자리에서 상대를 불안하거나 초조하게 만드는 동작은 가능한 한 절제해야 한다.

당연히 신뢰감이나 안도감을 안겨줄 만한 행동을 취하도록 노력해야 한다. 그러기 위해서는 지금까지 언급하였던 내용을 참고로 하여 플러스가 되는 동작이나 행동을 적극적으로 몸에 익혀야 한다.

경험상 의식적으로나마 상대의 호감을 사는 동작을 취하면 비즈니스에서 의외로 기대한 것보다 더 큰 진전이 있는 경우도 많다.

타인의 동작을 자세히 연구하여 좋은 것은 계속 받아들이도록 한다. 그리고 자신의 경험에 비추어 반응이 좋았던 행동을 활용한다.

요컨대 동작이나 특정한 버릇을 통해 상대가 어떤 타입의 사람인가를 아는 것뿐만 아니라, 그것을 적절하게 자신의 일이나 인간관계에 활용하는 것이 중요하다.

눈은
입만큼 말을 한다

눈은 그 사람의 인간성이 거짓없이 드러나는 부분이다.

상대가 어떤 인물인가를 판단할 때 가장 중점을 두는 것은 눈 주변 근육의 움직임, 긴장 정도를 나타내는 눈빛이다. 눈은 그 사람이 지니고 있는 인간적인 특징, 그때그때의 감정이 여실히 표출되는 곳이기 때문이다.

이야기를 하고 있는 사람의 눈을 보고 있으면 그때그때 말하고자 하는 것이 말보다도 먼저 이쪽에 전해지는 것이다. '눈은 입만큼 말을 한다'는 표현 그대로, 첫 대면의 사람이 이쪽에 품고 있는 생각을 눈을 통해 읽어낼 수 있는 것이다.

호의를 품고 있을 때, 거부하고 있을 때, 공감하고 있을 때 등등 상대의 심리 상태가 반드시 드러나게 된다. 그러므로 눈매를 관찰하면, 그 사람이 어떤 타입의 인물이며 지금 어떠한 마음의 상태에 있는지 어느 정도 알 수 있다.

이제 그 구체적인 판단 방법을 살펴보자.

우왕좌왕하는 눈길, 마음이 불안하다

두리번거리며 주위를 둘러보는 눈을 말하는데, 이때 눈꼬리에서 관자놀이에 걸쳐 신경질적인 빛을 띠며 때때로 실룩거리는 것은 자신의 능력 이상의 일을 맡게 되어 몹시 곤경에 처해 있는 상태를 보여준다. 이런 때는 상대에게 자신감을 주는 방법을 고려해야 한다.

이런 식으로 눈을 두리번거리는 사람은 신경질적이며 마음이 나약한 타입이다. 따라서 상대를 신뢰하고 있다는 태도를 취하여 안심을 시켜주면 의외로 순조롭게 일을 잘 처리할 경우가 많다.

다만, 똑같이 두리번거리는 눈이라 할지라도 입을 꽉 다물고 있는 표정이라면 의미가 달라진다. 이 경우는 이야기하고 있는 사람이 장황하게 늘어놓는 내용에 진저리가 나 있다거나, 이치에 맞지 않는 말을 듣고 어떻게 반격을 할까 궁리하고 있을 때가 많다. 따라서 가능한 한 일찌감치 이야기를 끝맺는 것이 좋다.

그저 단순히 두리번거리고 있는 경우에는 결단을 내리지 못해 당황하고 있을 때이든가, 어떤 식으로 이야기를 꺼내는 것이 좋을지 몰라 고민하고 있을 때이다.

사람은 상대방에게 어떻게 대응해야 좋을지 모르는 경우에 상대의 눈을 똑바로 응시할 수 없게 되어 자꾸 두리번거린다. 또한 신중하게 이야기를 해야 할 때에도 생각을 하면서 말하게 되므로 자연스레 눈이 좌우로 움직인다.

항상 주위를 두리번거리는 사람은 자신이 지닌 역량에 관해 은근히 자신감을 갖고 있기에 언제나 사람들에게 인정받고 싶어 하는 면이 있다. 그러므로 될 수 있는 한 상대를 치켜세우며 대하는 것이 좋다.

똑바로 응시하는 눈은 호의적

상대가 정면으로 응시하고 있을 때는 신뢰감을 품고 있는 것이라고 생각해도 좋다.

사람은 상대에게 흥미를 느낄 때 상대의 눈을 똑바로 응시하는 법이다. 이때 눈꼬리는 약간 밑으로 처진 듯하며 눈 주변의 근육도 부드럽게 풀어진 느낌을 풍긴다. 이것은 좋아하는 이성을 쳐다볼 때 전형적으로 드러나는 현상이다.

다른 사람의 눈을 똑바로 보는 사람은 근본이 성실하여 무슨 일에서든 흥미를 나타내는 한편 신중파이기도 하다. 다만, 한 번 이 사람이라고 생각하면 주변에서 뭐라 하든지 간에 그 사람을 믿고자 하는 외골수적인 면도 있다.

이런 타입의 사람에게는 어설픈 지식으로 말하지 않는 편이 좋다. 왜냐하면 이 타입은 사람을 간파할 줄 아는 안목을 가지고 있기 때문이다. 자칫 어설픈 지식을 떠벌리게 되면, 점차 상대를 하지 않게 될 가능성이 있다.

한 점을 응시하는 눈초리는 심각한 상태

물끄러미 한 점만을 응시하며 움직이지 않는 눈초리는 일에서 실패하여 좌절했을 때, 또는 무엇인가 커다란 충격을 받았을 때 흔히 볼 수 있다.

대개 이때는 눈 주변의 근육이 힘없이 풀어져 있고 입매도 축 처져 있다.

그런데 전체적으로 눈을 위로 치켜 뜨고 있는 기미가 보일 때에는 상대에게 상당한 적개심을 품고 있든가 분노가 솟구쳐 오르는 때이다.

이따금 지하철에서 차창 밖을 노려보듯이 응시하고 있는 사람을 보게 된다. 이것은 아마도 회사에서의 싫은 기억이 떠올라서 불쾌감에 빠져 있을 때일 것이다.

시선을 밑으로 내리깔고 물끄러미 한 점을 응시하고 있을 때는 기대에 어긋나서 실망해 있을 때이다. 또한 너무 피곤하고 지친 나머지 아무것도 생각할 수 없게 되었거나 울고 싶은 심정을 억누르고 있을 때 자주 볼 수 있는 눈짓이다. 이때는 눈과 입가의 근육이 전체적으로 완전히 맥없이 늘어져 있는 느낌이 든다.

곁눈질로 물끄러미 응시하고 있을 때는 자신이 취한 행동이나 말을 반성하고 있을 때라든가 현재 직면해 있는 사태를 어떻게든 수습해 나가고자 대책을 강구하고 있는 때이다.

겯눈질로, 그것도 밑으로 시선을 향한 채 물끄러미 보고 있는 경우는 상대에게 불만이 있어서 그를 거부하는 마음의 표현인 경우가 많다. 이렇게 되면 더 이상 상대의 이야기 따위는 귀에 들어오지 않을 테니까, 가능한 한 일찌감치 돌아가든지 상대의 기분을 돌리도록 유도하는 것이 현명하다.

침착하게 내리깐 눈은 자신감이 가득한 상태

아주 침착한 모습으로 눈을 내리깔고 있을 때는 자신감에 충만해 있을 때이다.

이때 입가에는 미묘하게 미소를 띠고 있는 듯한 느낌이 든다.

이러한 사람은 일을 할 때에도 허둥거리는 일이 없이 담담하고 편안하게 처리하므로 주변에 신뢰를 준다.

이 타입은 언제나 냉정하며 침착한 모습으로 지내는 만큼 대체로 실패가 적다. 만약 부하 중에 이런 사람이 있다면, 본인 스스로 알아서 일을 처리하도록 두는 것이 가장 현명한 방법이다.

반대로 이런 타입의 상사를 두고 있다면, 자신의 영역에 불쑥 들어오는 것을 싫어하므로 약간 거리를 두고 체면을 세워주며 의지하고 따라가는 것이 최선이다.

좌우로 눈을 피하는 것은 거부의 표시

이야기를 하고 있을 때 상대가 눈을 오른쪽이나 왼쪽으로 피하는 것은 상대에게 흥미가 사라져 더 이상 이야기를 듣고 싶은 마음이 없다는 표시다.

이런 때는 상대의 흥미를 이끌 만한 화제로 바꾸든가 장황하게 이야기를 늘어놓지 말고 요점만 간추려 말하는 것이 좋다.

이런 식의 눈짓이 버릇되어 있는 타입은 집중력이 결여되어 매사에 흥미를 오래 지속하지 못하는 경향이 있다. 다만 개중에는 표정이 풍부하고 명랑하며 주변 사람들을 자신의 페이스로 이끄는 데 능숙한 적극적인 사람도 있다. 이 경우, 이야기를 듣는 측의 입장에 서게 되면 인간관계가 원만해진다.

또한 상대가 이성으로서 이런 식의 눈짓을 하는 경우에는 그야말로 상대에게 호의를 품고 있지 않다는 증거다. 만약 당신 앞에 있는 그녀가 이런 표정을 짓고 있다면, 적극적으로 밀어붙이든가 체념하든가 양자택일을 해야 할 것이다.

초점이 뚜렷하지 않은 눈은 무관심의 표현

이야기를 나눌 때 상대가 특정한 곳에 시선을 고정시키지 못한 채 멍하니 이야기를 듣고 있는 경우가 있다.

이처럼 초점이 뚜렷하지 않은 시선은 이야기가 이해할 수 있는 범위를 넘어서 머릿속이 혼란한 상태에 있을 때, 정신적인 쇼크가 있어서 마음이 흔들릴 때, 또는 이야기가 어떻든 아무래도 좋다는 식의 무심한 상태에 있을 때의 표시다.

예컨대 상사에게 장황한 설교를 호되게 듣게 되면, 후반부에 가서는 한 귀로 듣고 한 귀로 흘려버린다.

요컨대 초점이 흐린 눈은 이야기를 듣고 있는 것 같아도 실상은 듣고 있지 않은 상태를 의미한다. 이런 때는 별안간 큰 소리로 이야기하여 상대의 생각을 이쪽으로 유인해본다거나 몸짓을 써가며 이야기를 하면, 차츰 관심을 유도할 수 있다. 또는 급작스레 상대에게 질문을 던져보는 것도 한 방법이다.

거래처의 고객이 이러한 표정을 짓고 있다면, 전망이 없다고 생각하는 것이 좋다. 그는 분명 다른 것을 생각하면서 그저 상대가 빨리 돌아가기를 바라고 있는 것이다.

그러므로 체념하든가 상대에게 이익이 될 만한 이야기로 전환하는 것이 좋다.

이런 눈짓이 버릇처럼 되어버린 사람은 무기력한 성격의 소유자로 임시방편의 행동을 취하는 일이 많다.

위로 치켜뜬 눈은 진지한 상태

눈을 약간 위로 치켜뜨고 다른 사람의 이야기를 듣고 있을 때는 상대의 한마디 한마디를 놓치지 않으려고 열심히 귀를 기울이고 있다는 증거다.

또한 자부심 강한 사람이 상대의 의견과 자신의 의견을 대조해서 비판적으로 생각하고 있을 때에도 이러한 눈매를 보일 때가 많다.

이야기를 하는 측에서 시선을 약간 위로 향하고 말할 때는 마음속에 의욕이 있거나 자신감이 넘칠 때다. 항상 이런 모습으로 이야기하는 타입은 자신감에 넘치는 사람으로, 부지런히 적극적으로 일을 진전시키는 타입이다. 정치가나 경영자에게서 많이 볼 수 있는 타입이기도 하다.

사람을 리드할 때 이런 눈짓을 하는 경우가 많다. 이런 눈에는 카리스마적인 요소가 깃들어 있어, 사람들을 선동하는 인물에게서 자주 볼 수 있다.

종교가나 독재자가 이야기하는 것을 자세히 관찰해보면 대체로 이러한 눈매를 하고 있다.

이런 타입 앞에서는 서투른 변명 따위는 하지 않는 편이 좋다. 거짓말을 하면 금방 발각될 가능성이 크므로 애초부터 삼가야 한다. 성심성의껏 대하는 것이 최선책이다.

개중에는 대단한 책략가도 있으므로 상대가 조작한 올가미에 걸리지 않도록 조심하는 것도 필요하다.

아래로 내려다보는 눈은 자부심이 높다

사람을 내려다보는 듯한 느낌으로 이야기하는 사람은 상대보다도 자신이 우세하다고 늘 생각하는 타입이다. 따라서 자부심과 경쟁심이 누구보다 강하다.

또한 누군가가 치켜세워주면 금방 기분이 좋아지는 단순한 면도 있어서, 사람에 따라서는 그것이 친숙해지기 쉬운 플러스적 요인으로 작용하는 경우도 있다.

이러한 눈매를 보일 때는 대개 턱이 위로 약간 올라가게 마련이다.

이러한 사람과 만나게 되면, 가능한 한 상대를 치켜세워 존중해주고 겸손한 태도를 취한다. 이러한 상대와는 겉으로 드러내고 경쟁을 하지 않는 편이 현명하다.

이 타입은 연애를 하는 데에서도 다른 사람의 것을 갖고 싶어하는 어린아이 같은 면이 있다. 따라서 이러한 사람에게는 좋아하는 사람, 애인을 소개해주지 않는 편이 좋다. 자칫 애인을 빼앗기고 마는 황당한 일이 일어날 수도 있기 때문이다.

똑바로 쳐다보지 못하는 것에는 비밀이 있다

눈을 똑바로 쳐다보지 못하는 사람은 마음속에 무엇인가 양심에 걸리는 꺼림칙한 것이나 비밀이 있고, 또는 극단적으로 내성적인 성격이거나 매사에 자신이 없는 사람이다.

대개 심리 상태가 불안정하다. 그렇기 때문에 다른 사람을 비판함으로써 자신의 마음속 안정을 도모하고자 하는 경우가 많다.

이때, 이러한 자신의 모습을 감추려는 나머지 냉랭한 표정을 짓게 된다.

상대를 어떻게 대해야 좋을지 몰라서 똑바로 쳐다보지 못하는 경우는, 볼 주변의 근육이 딱딱하게 긴장해 있고 관자놀이 언저리부터 발갛게 물들며, 눈꼬리 아래의 근육도 약간 늘어진 듯이 보인다.

이때의 표정은 금방이라도 울음을 터뜨릴 것 같은 때와 흡사한 점이 있다.

외면을 만들면 내면이 변한다

눈동자의 움직임이나 눈빛, 입의 모양 등 이 모든 것 속에 그 사람의 성격이나 기분이 잘 반영되어 나타난다.

따라서 이것을 역으로 이용하여 항상 표정을 의도적으로 관리한다면, 자신이 추구하는 이상적인 내면의 모습을 갖출 수 있다.

매사에 흥미를 느끼지 못하는 맥빠진 표정을 짓고 있는 사람이라도 야무지게 입 언저리에 힘을 주고 눈을 들어 똑바로 주시하게 되면, 조금씩 기분이 변화된다.

밝고 자신감 넘치는 표정을 지으면 당연히 주변의 반응도 좋아지고, 자신의 기분도 바뀌어 의욕이 솟구치는 것 같은 느낌을 얻을 수 있다.

이처럼 내면과 외면, 쌍방을 균형 있게 보조를 맞추면 틀림없이 지금까지와는 다른, 자신감 넘치는 나를 연출할 수 있을 것이다.

몸에 장식한
색깔로 간파한다

색깔마다 의미가 있다는 것은 예부터 잘 알려진 바다.

사람은 매일같이 무의식중에 자기 마음에 드는 색을 선택한다. 오늘은 어떤 색깔의 옷을 입고 갈 것인가, 어떤 색깔의 넥타이를 매고 갈 것인가를 생각하는 것이다. 그런데 실상 무의식중에 골라 입은 의복의 색깔 속에 그날의 심리가 담겨 있다. 그렇다면 인간의 타입과 걸치고 있는 색과는 어떤 상관관계가 있는 것일까?

여성들은 매일매일의 복장으로 대충이나마 마음 상태를 파악할 수 있겠지만, 남성들은 몇 벌의 양복을 가지고 번갈아 입기 때문에 그 양복 색깔만으로 유형을 판단하기에는 약간 무리가 있다.

그러므로 양복 색깔로는 그 사람의 대체적인 경향과 진면목의 일부만 파악하고, 매일 기분에 따라 바꿔 매는 넥타이, 그리고 와

이셔츠, 손수건 등의 소품에 눈을 돌려보는 것이 필요하다.

색깔은 그 사람이 가장 추구하는 것을 표현한다. 또한 그날의 기분이 드러난다는 점에서 그 사람의 하루를 암시하는 것이다.

일이란 사람과 사람의 만남을 통해 성사되는 것인 만큼 상대의 마음 상태를 색으로 관찰하는 것은 어려움 없이 이야기를 진행시켜 나갈 수 있는 방편이 된다. 따라서 걸치고 있는 의복의 색깔을 '상대방을 간파'하기 위한 또 하나의 실마리로 삼아 관찰해보라.

이제 일상생활에서 흔히 접하는 흰색, 검은색, 푸른색, 붉은색, 황색의 다섯 가지 색깔을 분석해보자.

흰색은 누구에게나 동화되기 쉬운 타입이다

흰색을 즐겨 입는 사람은 마음 바탕이 순수한 만큼 외부의 영향도 받기 쉬워 우유부단함에 빠지기 쉽다. 언제나 신선한 기분을 유지하려는 타입이다.

이 타입은 근본적으로 남을 속이지 못하며 남을 쉽게 신뢰한다. 이것을 거꾸로 말하면, 어린애다운 순수함에서 완전히 벗어나지 못하는 타입이기에 남에게 이용당하는 일도 있을 수 있다.

흰색은 세상의 그 어떤 색과도 조화를 이룰 수 있다. 따라서 여러 가지 요소를 더불어 갖추고 있는 성격의 소유자라고도 할 수 있다. 한마디로 감정의 폭이 넓으며 감수성이 풍부한 타입인 것이다. 그 어떤 색에도 물들기 쉽다는 것이 장점이기도 하고 단점이기도 하다.

흰색이 주류를 이루고 있는 옷을 선택하는 것은 잔뜩 긴장하여 정신을 차리고자 하는 때이기도 하다. 업무상 부드럽게 이야기를 전개하고 싶어할 때이며, 비교적 냉정하게 대처할 수 있는 여유가 필요할 때이다.

이 타입은 상대가 성의를 가지고 대해줄 때 그 이야기가 솔깃할 만큼 좋은 이야기일수록 자칫 그 의견에 휩쓸리기 십상이다.

업무상의 상대가 흰옷을 입고 있다면, 상대방을 정면으로 응시하며 성심성의껏 이야기를 해나가자. 그러면 거래 문제가 잘 풀릴 것이다.

검은색은 거부의 표시이기도 하다

검은색을 입고 있는 사람은 개성이 강하여 남의 말을 순수하게 들어주지 않는 타입이 많다. 다시 말해 자신의 주장을 나름대로 확고하게 가지고 있는 사람인 것이다.

이 타입은 세상의 모순점을 상당히 예리하게 파악하고 있는 만큼 매사에 강한 반발심리를 드러낸다.

검은색을 골라 입은 사람은 그날 하루가 의도한 대로 잘 풀리지 않으리라는 생각을 무의식중에 갖고 있다고 생각하여도 좋다.

그런가 하면 강경한 자세로 나가야만 하는 경우, 상대의 공격을 피하여 자기 페이스로 이끌고자 검은색을 부각하기도 한다.

거래의 자리에서 상대가 검은색 옷을 입고 있다면, 거부의 표현이 나올 수도 있으므로 가능한 한 부드럽게 유화책을 써서 이야기를 진행시키는 것이 좋다. 결코 강요하는 듯한 자세로 밀고 나가서는 안 된다.

주로 검은색 의복을 즐겨 입는 사람은 관찰하는 눈이 예리하며, 일단 의견이 일치하면 협력적인 자세로 돌아서는 경향이 강하다. 따라서 상대가 무엇을 요구하고 있는가를 확실히 파악한 뒤 접근하는 것이 좋다. 이때 서투른 기교를 쓰는 것은 금물이다.

푸른색은 지성의 색

푸른색 옷을 즐겨 입는 사람은 누구보다도 지성을 추구하는 경향이 강하다. 왜냐하면 푸른색은 지(知)의 색이기 때문이다. 푸른색을 좋아하는 사람은 사고형의 타입으로, 행동하기보다도 가만히 생각하는 쪽을 선호한다.

영어 'Blue'에 '우울한, 비판적인'이라는 뜻도 내포되어 있는 만큼 어딘가에 욕구불만이 내재되어 있는 사람이기도 하며, 어떤 일에 실패하여 몹시 낙담한 상태를 드러내기도 한다.

푸른색의 옷을 입고 있는 사람은 실패하지 않으려고 행동에 신중을 기하는 경우가 많다. 또한 기분이 우울할 때에도 이 색을 선택하기 쉬우므로, 일에서나 연애에서나 주변에서 밝게 분위기를 돋워 상대의 기분을 고조시킨 후에 이야기를 진행시키면 원활하게 풀릴 것이다.

지의 색인 만큼 두뇌를 써야 하는 일에 임할 때는 푸른색 옷을 입는 것이 좋다. 푸른색에는 기분이나 감정을 냉정하게 만들어주는 효과가 있기 때문이다.

상대와 싸움을 하게 될 것 같다는 예감이 들 때에는 푸른색 옷을 입음으로써 흥분하기 쉬운 마음을 억누를 수 있다. 상대 역시 푸른색 앞에서는 분노가 사그라든다.

붉은색을 좋아하는 사람은 화를 잘 낸다

정열을 상징하는 붉은색 옷을 자주 걸치는 사람은 화를 잘 내는 성격의 소유자다.

이 타입은 정열적인 만큼 일단 옳다고 생각하게 되면 앞뒤 가릴 것 없이 다짜고짜로 밀고 들어간다. 따라서 언제나 붉은색 계통의 색을 선호하는 사람이 오늘만큼은 냉정하게 지내고 싶다면, 가능한 한 푸른색의 옷을 골라 입는 것이 좋다.

또한 붉은색을 즐기는 사람은 대체로 질투심이 강하다.

이러한 타입의 사람이 마음속에 간직하고 있는 정열을 달리 쏟아 넣을 데가 없으면 안절부절못하게 된다. 따라서 어떤 스포츠에 열중하든가 다른 취미활동 등으로 남은 에너지를 발산시키는 것이 좋다. 품고 있는 정열을 다른 것에 전환시켜 발산하는 것이다.

붉은색의 옷을 골라 입은 사람은 자칫 흥분하기 쉬우므로 행동에 신중을 기해야 한다. 상대의 성급한 판단이나 오해로 인하여 트집을 잡히게 될 염려도 있으므로 말투에도 유의하여야 한다.

욕구불만의 상태일 때나 에너지가 남아돌 때에도 붉은색을 선택하기 쉬우므로, 붉은색 계통의 옷을 입고 있는 사람의 불평이나 권유에 어느 정도 따라주는 것이 좋다. 거기서부터 친밀감이 더해져 유사시에 도움이 될 수도 있기 때문이다.

경쟁심으로 고조되어 있거나 커다란 목표를 세웠을 때, 사람들은 붉은색을 선호한다. 이런 때는 마음이 들떠 있으므로 그것을 잘 이용하여 상대를 치켜세워주면, 거래 등 업무상의 일을 순조롭게 성사시킬 수 있다.

다만, 너무 적극적으로 밀어붙이면 상대에게 외면당할 뿐 아니라 큰 낭패를 겪을 수도 있으므로 유의해야 한다.

황색은 경계심의 표시

황색 옷을 즐겨 입는 사람은 매사 경계심이 강한 사람이다. 주의력이 산만해지기 쉬운 자신의 성격을 다잡기 위해 무의식중에 황색을 입는 경우도 있다.

황색을 즐기는 사람은 비판적이라는 특징이 있다. 어떤 의미에서는 관찰력이 예리한 타입이라고 말할 수 있다.

모든 일에서 질서정연하게 처리하지 않으면 견디지 못하는 고지식한 성격도 갖고 있다. 다만, 황색을 즐기는 사람은 정신적으로 약한 면이 있다. 그 나약함을 두드러지는 행동이나 복장으로 감추려는 경향이 강하다.

그날 기분에 따라 황색 옷을 입은 사람은 상대의 의견을 쉽사리 받아들이지 않겠다는 비판적 생각을 내면에 지니고 있다. 이러한 상대를 앞에 두고 있을 때는 긴장해야 한다.

만약 자신이 무의식중에 황색 옷을 선택하여 입고 있음을 인식하게 된 때는 남들에게 공격당할 일이 있든가, 어떤 일로 인하여 자신을 방어해야 할 만한 일이 있다고 각오하는 것이 좋다.

이 색을 무의식중에 선택함으로써 자신을 위협하는 것에 방어 심리를 작동시킨 것이기 때문이다.

색이 원하는 암시성을 이용한다

'마음의 색'이라는 말이 있듯이, 감정 하나하나에는 색이 있다. 인간은 현재 자신이 품고 있는 감정에 적합한 색을 무의식중에 선택한다. 따라서 그 사람이 지금 몸에 걸치고 있는 의복의 빛깔을 보면, 현재 그 사람의 마음 상태를 어느 정도 감지할 수 있다.

이것을 바꿔 말하자면, 자신에게 필요한 색을 몸에 걸침으로써 자신에게 결여되어 있는 부분을 보충할 수도 있는 것이다.

예컨대 신중함을 요할 때에는 푸른색을, 경계심을 필요로 할 때는 황색 계통의 옷을 입음으로써 어떤 사태에서도 자신의 마음을 다잡을 수가 있다. 또한 그날 아침에 자신이 무의식중에 선택한 색을 보고 그날의 행동이나 일어날 일을 추측하기도 하고, 상대가 입고 있는 옷의 색으로 상대의 마음 상태를 감지하여 어떻게 대응할 것인가를 결정할 수도 있다.

이처럼 색에는 우리가 생각하고 있는 것 이상의 의미가 숨어 있다.

영감으로
인간을 간파한다

점쟁이는 신기(神氣)의 영감(靈感 : inspiration)에 의해 인물을 파악한다.

영감이란 소위 신령스러운 예감 혹은 느낌이다. 본디 점 자체가 오감으로는 얻을 수 없는 정보를 제시하는 것이라는 점에서 영감이란 없어서는 안 되는 존재다.

미지의 사항을 오감의 정보만으로는 예측할 수 없다. 오감 이외의 것에서 정보를 얻어냄으로써 비로소 미지의 사항을 예측하는 일이 가능해진다. 따라서 영감이 예민할수록 정확한 판단을 기대할 수 있다.

이러한 영감을 이해하지 못하는 사람들은 이렇게 말한다.

"영감은 믿을 수 없어."

"우연히 어쩌다 맞은 것일 테지."

"무언가 그 이면에 있던 것이 아닐까?"

하지만 갖가지 사례들이 보여주듯이, 실제로 오감 이외의 정보가 존재하고 있음은 틀림없다. 약간의 연습만으로 누구나 다 그 정보를 얻을 수 있다.

첫인상으로 상대가 어떤 타입인가를 정확하게 판단한다거나 생각하고 있는 것을 간파하기 위해서는 자신의 영감을 개발해야 한다. 상대의 태도나 말씨, 행동거지, 몸에 걸치고 있는 의상의 색에서도 어느 정도 상대를 판단할 수가 있는데, 그것도 영감이 뒷받침되어야 한다.

이제 영감을 연마하는 방법을 따라가보자.

영감은 안면이 없는 상대에게 잘 작용한다

영감은 어느 정도 알고 있는 상대보다는 전혀 안면이 없는 상대에게 더 효과적이다.

전혀 안면이 없는 사람과 만날 기회가 되면, 우선 사전에 의식을 집중하여 그 사람을 상상해본다. 그러면 상대가 어떤 체격에, 어떤 성격의 소유자인지, 또는 지금 일을 하는 데에서 어떤 상태에 있는가가 순간적으로 의식 속에 떠오른다. 세세한 사항과 더불어 그 인물의 분위기나 기분의 상태가 마음속으로 번져 들어오는 것이다.

예컨대 상대가 지금 한창 추진력을 가지고 일을 진행하고 있다면, 내 기분도 대단히 밝고 상쾌한 기분이 될 것이다. 일에 대한 상대의 의욕이 내 마음속으로까지 전해지기 때문이다.

반대로 상대가 무기력하며 타성에 젖어 태만해져 있을 때라든가, 당장 회사가 도산할 것 같은 상태에 있을 때 그 사람을 상상하면 어쩐지 어둡고 암울한 이미지가 마음속에 떠오른다. 그런 불안한 기분이 자꾸 전해지는 것이다.

그 상태에서 더욱 의식을 집중하면, 그 회사의 장래가 그래프가 되어 보여지기도 하며 앞으로 일어날 여러 가지 문제가 떠오를 때도 있다.

이것은 특수한 능력이 결코 아니다. 인간에게는 누구나 영감이란 것이 있으므로, 정말 그것에 의지하고자 한다면 상대가 미지의 인물이라 할지라도 어느 정도 그 타입의 예측이 가능하다.

상세한 방법에 대해서는 뒤에서 언급하겠지만, 중대한 비즈니스 석상에 처음 임하는 경우에도 사전에 영감을 작동시켜 상대가 어떤 타입이며 무슨 생각을 하고 있는지를 파악해보자.

그저 아무것도 모르는 채 무턱대고 만나러 가기보다는 나름대로 대체적인 윤곽을 잡아 만나는 편이 훨씬 도움이 될 것이다.

실패하지 않는 영감 사용법

영감을 잘 활용하기 위해서는 선입관에서 벗어나 있어야 한다. 영감이 잘 맞지 않게 되는 첫 번째 원인이 바로 선입관 때문이다.

당신은 어떤 사람과 처음 만났을 때 어떤 방법으로 상대방의 타입을 판단하는가? 필시 대부분의 사람은 눈앞에 있는 상대의 표정이나 외형으로 드러난 외모를 보고, 지금까지 자신이 보아왔던 다양한 사람들의 유형에 비추어 '이 사람은 이전에 알고 있던 그 사람과 비슷하니까 아마도 이런 타입의 인물일 거야'라고 판단을 내리고 있지는 않은가?

인상학에 관한 수박 겉핥기식의 지식이라도 가지고 있는 사람이라면, 그 얕은 지식에 의지하여 상대의 타입을 판단하는지도 모른다. 그러나 이러한 인상학의 경우 눈이나 귀의 형태 등이 의미하는 것을 단순하게 아는 것만으로는 그다지 영양가가 없다. 전체적인 균형을 살펴 판단을 내리지 않으면 아무래도 실패하게 되는 것이다.

어설픈 지식으로 판단을 내리기보다는 지금까지의 경험을 살려서 판단하는 편이 오히려 들어맞는다고 할 수 있다.

대부분의 경우, 실제로 상대를 눈앞에 대하였을 때 판단의 기준이 되는 재료가 너무 많아 그것에 현혹되는 것이다. 가끔 자신의 판단이 잘 들어맞는 경우도 있을 테지만, 이와는 반대의 경우도 생기는 것이다.

그도 그럴 것이, 인간이란 천차만별이어서 한 사람 한 사람의 인상이나 분위기가 다르기 때문에 외관만 보고 판단한다는 것은 무리가 있다.

그러므로 다각적인 면을 통해서 미묘하게 느껴지는 것들을 예민하게 포착해야 더욱 정확하게 판단할 수 있다. 물론 실제 상황에서 첫 대면을 한 사람이 막상 눈앞에 있는 경우 올바르게 판단을 내리기란 좀처럼 쉬운 일이 아니다.

따라서 아직 그 사람과 만나지 않은 상태에서 영감을 떠올려 작용시킨다면, 일체의 선입관이 없는 만큼 영감으로 그 사람의 타입을 올바르게 판단할 수 있는 가능성이 커질 것이다.

사사로운 정에 얽매일수록 영감은 틀린다

인간은 그 누구를 막론하고 다른 사람 앞에서는 평상시 꾸미지 않은 자신과는 다른 '가면'을 쓴다. 하물며 비즈니스의 현장일 경우, 첫 대면에는 당연히 평소 이상으로 외모를 꾸미게 마련이다.

상대와 자신과의 사이에 이해관계가 있다면 이익을 얻고자 필사적일 수밖에 없으므로, '이득'이라는 안경을 통해서 상대를 판단하는 것은 당연한 이치이다.

상대가 가면을 쓴 데다가 이쪽보다 훨씬 인간관계에 능통해 있

다면, 외견상 나타나는 것으로 그 사람이 어떤 타입의 인물인가를 판단하기란 거의 불가능하다.

또한 상대가 아는 사이라면 그때까지 상대가 취했던 모든 언행을 통해 받아온 인상이 뇌리에 깊이 새겨져 있으므로, 정확하게 그 타입을 판단할 수 없다. 이는 사사로운 정이나 이해관계에 얽혀 있는 상대일수록 영감의 작용은 둔해진다는 뜻이다.

경험상, 사사로운 정에 얽히게 되면 아무래도 개인적인 감정이 앞선 상태에서 상대를 바라보게 되므로 명확한 판단을 내릴 수 없지 않은가.

자신이 좋아하는 이성에 대해서 '곰보도 보조개로 보이는 것'이 그 좋은 예라 할 수 있다.

냉정해져야 영감이 잘 떠오른다

제삼자의 입장에 설수록 영감이 잘 맞아떨어지는 경우가 많다. 왜냐하면 사사로운 정에 얽매이지 않고 냉정하게 판단할 수 있기 때문이다. 이는 곧 영감을 잘 발휘하기 위해서는 우선 가지고 있던 선입관을 떨쳐버려야 한다는 뜻이다.

선입관이 너무 지나치다거나 사사로운 정에 얽혀 있으면, 영감이 거의 발휘되지 못한다.

직업적인 점쟁이도 그것이 제삼자의 것이라면 척척 알아맞추면서도 막상 자신의 일이 되면 정확하게 점을 치지 못하는 경우가 있다. 자신에게 중대한 일일수록 소망과 그렇게 될 리가 없다고 하는 사적인 감정이 대립되기 때문에 정확한 판단이 어려워지는 것이다.

이것은 가족, 친지나 가깝게 지내는 친구에 대해서도 마찬가지다. 그러므로 영감을 더 잘 발휘하고자 한다면, 사적인 감정에 휩쓸리지 말고 언제나 보고 있는 자신의 눈과는 다른 '타인의 눈'으로 상대를 냉정하게 볼 필요가 있다.

실상 '냉정해지는 것'은 영감을 발휘하고자 하는 데에만 국한된 사항은 아니다. 상대를 간파하기 위해서는 상대방의 정보를 냉정하게 판단해야 한다.

영감도 또 하나의 정보로서, 이것을 포함한 모든 정보를 받아들여 그것을 냉정하게 판단하는 것이야말로 상대를 더욱 정확하게 간파하는 최상의 방법이라 하겠다.

간단하게 영감을 높이는 실천법

영감을 높이기 위해서는 어떻게 해야 할까? 이를 위한 구체적인 훈련 방법을 살펴보자.

영감을 잘 발휘하기 위해서는 가능한 한 조용하고 안정된 장소가 필요하다. 물론 익숙해지면 지하철 안과 같이 소음이 있는 곳에서도 영감을 발휘할 수 있다.

거래를 위한 비즈니스 자리에서 첫 대면하는 인물의 경우를 예로 들어보자.

우선 의식을 집중하여 이제부터 만나게 될 인물을 상상해본다.

이때 호흡에, 그것도 들이마시는 들숨보다 내쉬는 날숨에 의식을 집중시킨다.

호흡은 숨을 천천히 토하고 빠르게 들이쉬는 느낌으로, 첫 번째 단계에서는 크게 한 번 심호흡을 하고 나서 시작하면 더욱 좋다. 이때 턱을 밑으로 당기고 등줄기는 똑바로 펴야 한다.

반복적으로 의식을 집중하여 호흡하다 보면 머릿속에 단편적으로 무엇인가 상상되거나 어떤 문장 등이 떠오를 것이다. 경우에 따라서 그림이나 사진 같은 것이 일순간 보이기도 한다. 그때 이미지(흐릿한 것, 추상적인 것이라도 좋다)에서 받은 인상을 메모한다.

이것을 실제로 해보면 마음속에 떠올랐던 사항과 실제의 현실이 일치하는 경우가 많다는 사실에 스스로 놀랄 것이다. 있을 수 없는 일, 보통 사람과는 거의 무관한 일이라고 생각할지 모르지만 누구든지 간단하게 할 수 있다.

'설마 나한테 그런 일이 일어날 리 없어!'

이렇게 생각하기 때문에 영감이 솟아나지 않는 것이며, 모처럼 영감이 솟아났다 하더라도 의심으로만 끝나게 되는 것이다.

계속 이 훈련을 반복하면 영감의 적중률이 높아질 것이다. 그러니 몇 번이고 시도해보기 바란다.

그 외 영감을 고조시키는 방법으로 다양한 명상법이나 수행법 등이 있으나 여기에서는 간단히 누구나 할 수 있는 방법을 소개하는 데 그치기로 한다.

그 이후에는 자신의 인생 경험을 통해 나름대로 터득해서, 자신에게 알맞는 방법으로 더욱 적절한 영감을 얻을 수 있을 것이다.

인간의 타입에는
여러 가지가 있다

사람은 저마다 달라서 심지어 쌍둥이조차 다른 점이 있다. 그럼에도 행동이나 말이나 생각이나 생김새 따위를 보면 몇 가지 유형으로 나눌 수 있기에, 큰 틀에서 타입을 정리해보았다.

물론 단순하게 한 가지 타입만 적용되는 인물은 극히 드물다. 대부분 여러 가지 타입의 '혼합형'으로, 여기에서는 약간 변형을 시켜 인간의 타입을 이해하는 선에 초점을 맞추었다. 이후로는 당신 자신의 경험을 통하여 여기에 다시 수정을 가해보기 바란다.

일정한 기준을 갖고 있다면, 그것을 조금씩 수정하면서 정확한 판단 기준에 따라 접근할 수 있을 것이다.

타입 1. 말솜씨도, 수단도 좋은 타입

목소리가 크고 과장된 행동을 잘하기 때문에 언제나 눈에 띄는 타입이다.

이런 타입은 두드러진 존재로 보이는 만큼 실력이 있는 것처럼 주변에서도 착각을 하기 쉽지만, 자세히 들여다보면 별로 실속이 없는 인물인 경우가 많다.

경험상 정말로 실속이 있는 사람은 이와 반대로 두드러지지 않는 경우가 많다. 눈에 띄는 행동을 하지 않지만 전문적인 지식이나 깊은 통찰력을 갖추고 있다.

지인 중에 나비 전문가가 있다. 그는 평범하고 수수해 보여서 결코 두드러지는 타입이 아니다. 그러나 나비의 세계뿐만 아니라 다양한 분야에 걸쳐서 깊은 지식을 갖추고 있는 그와 이야기를 나눌 때마다 그 범상치 않은 박식함에 언제나 놀란다.

음성이 크고, 행동이 크고, 배짱이 두둑한 재간꾼으로 보이는 인물보다도 꾸준히 깊이 있게 하나의 테마를 추구해 나아가는 속에서 자신을 발전시켜 가는 타입이야말로 '중심이 있는 인물', '실력이 있는 인물'이라고 할 수 있지 않을까?

타입 2. 언제나 바쁜 것처럼 보이는 타입

언제나 "너무 바빠서 정신이 없어"라는 말을 입버릇처럼 내뱉으며, 빈번히 자리에 없고 전화를 걸어도 금방 연결이 되지 않는 사람이 있다. 이런 타입에는 다음과 같은 두 종류의 사람이 있다.

첫째, 자신은 유능하기 때문에 모든 사람이 필요로 하는 인간이라는 것을 어필하고 싶은 마음으로 바쁜 듯이 행동하고 있을 뿐인 사람이다. 이런 사람들은 '바쁘다'가 입버릇처럼 되어 있으나 실제로 지켜보면 대단한 일을 하고 있는 것도 아니다.

어떤 회사에서든 이런 사람은 있다. 상당히 바쁜 것 같지만 실상 이렇다 할 성과를 올리지도 못한다. 갖가지 일마다 빠짐없이 얼굴을 내밀어 마치 자신이 관여하고 있는 것처럼 행동하고 있으나 실제로는 별 도움도 되지 못하는 것이다.

둘째, 정말로 실행력이 있어서 일을 척척 해나가는 타입이다. 이런 타입은 실제로 시간을 풀로 활용하고 있기 때문에 언제나 분주하다. 정력적이고 적극적이므로 이야기를 나누다 보면 넘치는 '에너지' 같은 것을 느끼게 한다.

이 두 가지의 타입은 어떤 부탁을 해보았을 때 그에 대한 반응으로 쉽게 구별할 수 있다.

전자는 바쁜 듯이 행동하고 있으나 실제로는 한가하므로 부탁을 받아도 금방 움직이려 들지 않는다. 한가한 사람 쪽이 일을 의뢰받았을 때 금방 실행에 옮겨줄 것이라고 생각한다면 큰 오산이다. 한가한 사람일수록 행동력이 없다. '언제든지 할 수 있다'고 생각하기 때문에 즉각 시도하지 않는 것이다.

그래서 "부탁한 일은 어떻게 되었습니까"라고 물으면 "네, 지금 하고 있습니다", "제 나름대로 알아보고 있지요"라는 식의 답변만 할 뿐 속시원한 이야기는 들려주지 않는다. 그러면서도 본인은 여전히 바쁜 듯이 여기저기를 분주하게 돌아다닌다.

후자의 경우는 정말로 시간이 없으므로 어떤 부탁을 받게 되면 단시간 집중하여 부탁받은 일을 처리하고자 노력한다. 그래서 성과가 나타나는 것도 빠르다. 옛날부터 '부탁할 일이 있으면 바쁜 사람에게 맡겨라'라고 했던 것도 바로 이런 이유 때문이다.

어느 자동차 회사의 톱 세일즈맨은 "한가로운 사람이 있는 곳에는 세일즈를 하러 가지 않는다"는 성공 비결을 밝혔다. 한가한 사람은 결단력이 없기 때문에 좀처럼 자신의 생각을 정돈하지 못한다. 반면, 분주한 사람은 집중력이 있기 때문에 결단도 신속히 한다.

타입 3. 미소가 매력적인 타입

처음 대면하여 불과 5분 정도 이야기를 나누었을 뿐인데도 '미소 띤 얼굴이 참으로 좋은 인상을 풍긴다'는 느낌을 주는 사람이 있다.

경험으로 볼 때, 미소 짓는 얼굴이 보기 좋은 사람은 노력형이며 실력을 갖춘 사람이다.

미소를 띤 얼굴은 억지로 웃는 얼굴이나 쑥스러워 웃는 얼굴과 다르다. 상대의 마음을 열게 하는 미소, 그 자리의 분위기를 부드럽게 만들어주는 미소, 성실성이 느껴지는 미소……. 이러한 미소를 지을 수 있는 사람과 사귄다면 손해 볼 일은 없다.

상대의 표정, 그중에서도 좋은 미소를 띤 얼굴은 그 사람의 본질을 간파하기 위한 중요한 자료가 된다.

노력만 하면 누구나 충분히 좋은 미소를 자신의 것으로 만들 수 있다. 앞서 예를 들 톱 세일즈맨은 젊은 시절에 "표정이 어두워서 세일즈하기에는 적합하지 않다"는 말까지 들었던 사람이다.

그래서 좋은 미소를 띤 얼굴을 만들고자 나름대로 훈련을 꾸준히 거듭한 결과, "저 사람의 미소 띤 얼굴은 백만 불짜리다"라는 말을 듣게 될 정도가 되었다.

영업을 하는 사람이라면 항상 손거울을 가지고 다닐 것을 권한다. 회사에 출근할 때, 미팅 전에는 반드시 거울에 자신의 얼굴을 비추어 자기 마음에 드는 미소를 만들어보는 것이다.

사소해 보이는 이런 노력을 거듭하기만 해도 다른 사람들에게 좋은 인상을 줄 수 있는 이미지를 만들 수 있다.

'대수롭지 않아 보이는 표정까지 신경 써야 하나?' 하고 무시해서는 안 된다. 표정은 마음을 반영하는 거울이다. 좋은 표정을 만듦으로써 덩달아 마음까지 긍정적인 방향으로 이끌어갈 수 있다.

타입 4. 실패를 기뻐하고 성공을 시기하는 타입

흔히 인간관계에는 네 가지 패턴이 있다고 한다.

① I am No, You are No.

② I am No, You are Yes.

③ I am Yes, You are No.

④ I am Yes, You are Yes.

①은 '나도 쓸모없는 사람이고 상대도 쓸모없는 인간'이라는 발상이다.

예컨대 자격증을 따기 위해 시험을 보았는데, 두 사람 모두 떨어졌다고 치자. 이런 경우에 극단적인 마이너스 발상밖에 하지 못하는 사람은 "역시 나는 별 볼일 없는 인간이야. 그리고 너도 마찬가지야"라는 식으로, 아픈 상처를 서로 핥는 정도의 위로밖에 하지 못한다. 이런 사람과 사귀다 보면 나 역시 정말로 별 볼일 없는 인간이 되고 만다.

②는 ①보다는 그나마 낫다.

"나는 쓸모없는 인간이지. 하지만 그래도 너는 나보다는 나아"라는 발상인데, 상대를 자신의 마이너스 레벨로 끌어내리지는 않는다.

그러나 이런 사람과 사귀다 보면 나 자신에게도 발전이 있을 수 없다. 상대가 나를 치켜세우며 부러움의 대상으로 삼는 바람에 실제보다 내가 더 높다고 착각하게 되기 때문이다.

③은 ②와는 반대되는 경우다.

"나는 괜찮은 사람이야. 하지만 너는 형편없어"라는 발상이다. 자신감이 지나쳐 콧대가 높은 사람들 중에 이런 발상을 하는 타입이 많다.

이 타입과 ②의 타입이 사귀게 되면 마치 두목과 부하의 수직적 관계가 형성되어, 양쪽 모두 발전이 없는 자기만족의 인간관계로 끝나버릴 것이다.

역시 인간관계로서 가장 바람직한 형태는 ④일 것이다.

"나도 괜찮은 사람이고, 너도 괜찮은 사람이다."

"나도 노력을 할 테니 너도 노력하기 바란다."

"나도 성공할 테니 너도 성공하기 바란다."

이러한 발상을 유지할 수 있다면, 멋있는 인간관계가 구축될 것이다.

자기 앞에 있는 상대방이 어떤 타입의 발상을 하는 사람인가 대화를 나누어보면 어느 정도 파악할 수 있다.

예컨대 "요즘 건강은 어떠십니까?"라는 질문에 "늘 안 좋지요. 당신도 안색이 별로 안 좋아 보이는군요. 피차 나이가 나이인 만큼 기력이 떨어지는 것도 어쩔 수 없는 일이겠지요"라는 식으로 말하는 사람은 십중팔구 'I am No. You are No'의 사람이다.

반대로 "네, 덕분에 건강은 괜찮습니다. 당신도 여전히 건강해 보여 참 좋습니다"라는 말을 할 수 있는 사람은 'I am Yes. You are Yes'의 발상을 할 수 있는 인물이다.

실제로 다른 사람의 실패를 기뻐하고 성공을 질투하는 타입의 인간은 꽤 많다.

이런 사람은 출세를 할지라도 늘 고독할 것이다. 진정으로 서로의 마음을 터놓고 지낼 수 있는 친구도 만들지 못할 것이다. '저 상사를 위해서 힘껏 노력해보자'는 결심을 하고 분발해주는 부하도 얻지 못할 것이다.

타인의 불행을 기뻐하고 성공을 질투하는 사람에게는 일이 순조롭게 풀릴 리 없다.

그러므로 무엇보다도 상대의 장점을 찾아보는 습관을 몸에 익히는 것이 중요하다.

'이 사람에게는 내게 없는 장점이 있구나.'

'내가 모르고 있는 것까지 잘 알고 있는 사람이구나.'

그런 눈으로 상대를 보면 자연히 그런 심정이 상대에게 전달된다. 그럴 때 상대도 자신의 마음을 열게 되는 것이다.

'I am Yes, You are Yes'라고 말할 수 있는 인간이 되도록 노력해야 한다. 물론 마이너스 발상을 하는 인간과는 가능한 한 교제를 하지 말아야 한다.

타입 5. 실력 없는 평론가 타입

앞서 언급한, 겉보기에는 항상 바쁜 듯이 보이는 타입과 유사한 점을 지니고 있다. 이 타입은 어디에나 얼굴을 내밀고, 발언하고 싶어 한다.

그만한 실력을 갖추고 있다면 다행이겠지만, 대개 이런 인물은 실력이 없음에도 자신을 내세우고 싶어만 한다. 당연히 자신의 존재를 과시하려는 목적으로 남의 일에 끼어들기 때문에 결과가 좋지 못하다.

실속이 없고 내용도 없는 평론가 타입인지 아닌지는 처음 하는 말로 대강 판단할 수 있다. 그들에게는 우선 주위 의견을 들어보고자 하는 태도를 볼 수 없다.

다른 사람이 이야기를 할 때도 괜히 비꼬는 듯한 표정을 짓는다. 애써서 간신히 결론을 지으려는 이야기에 다른 의견을 제시하

며 '저것은 틀렸다', '이것은 안 된다'라는 마이너스적인 발언만을
해댄다.

생각해보면 마이너스적 발언만큼 자신을 그럴듯하게 방어하고
보호하는 데 적절한 것은 없다. 어떤 일에 성공을 하게 되면 "나의
충고가 바람직한 것이었으므로 성공하였다"라고 말할 수 있다. 그
러나 대개 성공한 경우에는 누가 무슨 발언을 하였고 어떤 행동을
취했는가 하는 것을 그다지 따지고 들지 않는다.

그러나 실패한 경우에는 "그러니까 내가 뭐라고 했어?", "내가
애초부터 염려했던 대로군" 하는 식으로, 자신의 생각이 얼마나
옳았는지를 주장할 수 있다. 처음부터 비판적인 말만 하고 있으
면, 자신이 상처를 입는 일은 없는 것이다.

이러한 평론가 타입의 인간은 자신에게 뭔가 도움이 될 일은 없
는지 궁리할 뿐이지, 상대에게 힘이 되려는 발상은 하지 않는다.
자신만 부각시키려는 욕망이 마음 깊은 곳에 자리잡혀 있기 때문
이다.

자기 주장이 강하기 때문에 어느 정도 그것을 지탱할 지식은 갖
추고 있다. 그러나 실행력이 그것을 뒷받침하지 못할 경우가 많다.

이건 이렇고 저건 저렇다며 말로써는 누구 못지않게 달변을 하
지만 책임을 지고 어떤 일을 달성하려는 생각은 없는 것이다.

발언이나 행동을 가만히 관찰해보면, 이런 타입의 인물은 비교
적 쉽게 판단할 수 있다.

타입 6. 직업 이외의 또다른 면이 있는 타입

"당신은 어떤 취미를 갖고 계십니까?"

"지금 업무와는 상관없이 열중하고 계신 일이 또 있습니까?"

이런 물음에 "네, 실은 요즈음 몰두하기 시작한 일이 있습니다"라는 답변을 서슴없이 하는 사람은 그만큼 인간관계의 폭이 넓은 인물이라고 판단해도 좋다.

물론 자신의 일은 대충대충 얼버무리고 취미생활에만 몰두해 있으면 곤란하겠지만, 업무 이외의 장소에서도 자아실현의 꿈을 찾아 열성을 품고 있는 타입이 의외로 많다.

샐러리맨 중 오로지 회사밖에 모르고 지내는 사람들이 적지 않다. 그나마 자신이 하고 있는 일에 열정을 품고 있다면 다행스러운 일이지만, 이런 사람들이 진정 흥미를 느끼고 있는 것은 사내의 파벌에 관한 정보나 인사 이동에 대한 정보뿐이다. 사람들과 교제하는 데에서도 저 사람과 교제하면 이득이 있다든가, 저 상사에게는 명절 때 선물을 보내는 것이 승진을 위해 좋을 것이라는 처세적 계산뿐인 경우가 많다.

이러한 인물은 회사 내에서는 얼핏 정보통같이 보이지만 그것은 단지 회사 내의 세력관계에만 한정되어 있을 뿐이고, 정작 그 자신이 갖추고 있는 실력이란 보잘것없다. 진정한 정보통으로 통하는 사람은 착실하게 자신의 일에 몰두하며 다방면에 걸쳐 실력을 쌓아간다.

오늘날은 자신이 근무하고 있는 회사의 '이름'이나 직위, 직함만으로 살아갈 수 있는 시대가 아니다. 역할분담형의 조직, 정보 집적의 조직으로 빠르게 변화하고 있기 때문이다.

인간의 진정한 실력이나 매력은 조직이나 직위와 상관이 없다. 대기업에 근무하고 있으니 실력이 있다, 부장이니까 인간적인 매력이 있다고는 말할 수 없는 것이다.

언젠가 어느 대기업의 부장으로 있다가 중견기업 임원으로 스카우트된 몇 사람과 만나볼 기회가 있었다. 그들은 모두 한결같이 고심하고 있었다.

"지금까지는 부하에게 업무를 지시하기만 하면 그것으로 충분했었지요. 그러나 지금은 모든 것을 내 손으로 처리해야 합니다. 나라는 인간이 이토록 무능력하고 아는 게 없다는 것을 예전에는 정말 몰랐습니다."

현재 대기업의 요직에 당연한 듯 앉아 있는 사람이라 할지라도 그곳에만 의존하고 있으면, 언젠가 실속없는 자신의 모습을 발견하고 자괴감에 빠질 수도 있을 것이다.

타입 7. 테이크 앤드 테이크 타입

이 타입은 상대에게 무엇인가 받는 것만을 생각하고 있다. 아직 젊어 고생을 해보지 않은 사람, 나이는 먹었어도 손익계산만으로 머리가 꽉 차 있는 사람이 이 부류다.

인간관계의 기본은 '기브 앤드 테이크(Give and Take)'이다. 상대에게 무엇인가를 받게 되면, 반드시 무엇인가로 답례를 해주게 마련이다. 이 법칙에 의하여 순조로운 인간관계가 구축된다. 그저 일방적으로 받기만 해서는 바람직한 인간관계를 만들 수 없는 것이다.

　누군가에게 부탁을 하여 그 사람의 도움을 받았다면, 반드시 나중에 답례를 하는 것이 중요하다. 그 답례란 물건도 좋고 마음을 담은 편지도 좋다. 돈이 들고 안 들고의 여부보다는 답례하고자 하는 마음을 가지고 있는 것, 이를 위한 배려심을 진정으로 가지고 있느냐가 문제인 것이다.

　그런데 유감스럽게도 세상에는 '기브 앤드 테이크'보다 '테이크 앤드 테이크(Take and Take)'를 생각하고 있는 사람이 많다.

　이런 유형의 사람은 사귐을 가진 지 얼마 안 되어서부터 이익이 될 만한 것이 무엇인가 하는 생각으로 상대에게 접근한다. 그렇기 때문에 그 말씨나 태도에서 성의를 느낄 수 없다. 감사하는 마음도 없다. 어딘지 모르게 비굴하거나 이상할 만큼 과도하게 친근감을 표시하기도 한다.

　지혜를 빌려주거나 힘이 되어주어도 그것에 대한 사후 보고는 일절 없으며 답례의 전화도 한 통 없다. 애초부터 '테이크 앤드 테이크'의 발상을 지니고 있었으므로 답례의 필요성 따위는 전혀 인식하지 못하고 있는 것이다.

　어떤 사람에게 "유능한 의사 선생님을 소개받고 싶다"는 부탁을 받았다. 그다지 친밀한 관계는 아니었지만 사정이 딱한 것 같아서 즉시 모 병원의 의사 선생님을 소개해주었다. 그 분야에서는 유명한 명의였다.

　그렇게 소개를 해주었는데도 그후 어찌된 영문인지 아무런 연락도 없었다. 그래서 먼저 연락을 해보니 감사하다는 인사를 하기는커녕 오히려 잔뜩 불평을 늘어놓는 것이었다.

"소개를 받고 갔는데도 친절하지도 않을뿐더러 진찰도 자세히 해주는 것 같지 않았다."

"소개로 갔는데도 여느 환자와 다름이 없었다."

"이쪽 이야기를 충분히 잘 들어주지 않았다."

물론 그에게 나름의 불만이 있었을 것이다. 그 불만에 어느 정도 타당한 이유도 있었을 것이다.

그러나 그것은 소개자에 대한 감사의 마음과 별개의 문제다. 결과가 자신이 생각한 것보다 좋지 못했다 하더라도 자신을 위해서 힘을 써준 사람에게 감사의 전화라도 한 통 해주는 것은 기본적 예의다.

돈이나 물건을 주고받는 것이 아닌 진정한 마음가짐에서 나오는 '기브 앤드 기브'의 정신이 없는 인물은 결코 좋은 인간관계를 이룰 수 없다. 교제를 나눌 때도 이러한 인물과는 어느 정도 거리를 두어야 할 것이다.

시간과 돈으로
신용할 수 있는 사람인지 간파한다

첫인상으로 그 사람을 신용할 수 있는지의 여부를 판가름하는 것은 대단히 중요한 일이다.

별로 허세를 부리지 않는 사람, 눈을 똑바로 바라보는 사람, 말씨가 온화하고 가시가 돋지 않은 사람, 자신의 의견을 신중하게 삼가 내놓는 사람, 상대방의 이야기를 가로막지 않고 끝까지 잘 들어주는 사람……. 이런 타입은 어느 정도 신용할 수 있는 상대일 것이다.

반대로, 어딘지 모르게 들뜨고 불안정해 보이는 사람, 음성이나 태도가 지나치게 과장되어 허세가 느껴지는 사람, 상대의 시선을 피하며 이야기하는 사람, 태도에서 왠지 모르게 불안감을 주는 사람 등등은 그다지 신용할 수 없는 인물일 것이다.

물론 이것들은 어디까지나 일반적인 통념으로, 온화하고 허세를 전혀 부리지 않는 것처럼 보여도 실제로는 엄청난 사기꾼일 수도 있고, 음성이나 태도가 지나치게 크고 과장되어 얼핏 사기꾼처럼 보일지라도 실상 상당히 성실하고 신용할 수 있는 사람인 경우를 우리는 얼마든지 볼 수 있다.

결국 그 인물을 신용할 수 있는지 없는지의 여부를 판단하기 위해서는 어느 정도 기간을 두고 사귀어보는 수밖에 없다.

요컨대 판단 기준, 그 잣대는 '시간'과 '돈'일 것이다.

시간관념이 없는 사람은 신용하지 마라

회사와 회사 간 거래를 예로 든다면, 거기에는 반드시 납기 기간이 따라붙게 되어 있다. 그 기간을 정확하게 지키는 회사는 거

래처에게 신용을 얻을 수 있으며, 반대의 경우는 신용을 얻지 못할 것이다.

개인의 경우에서도 약속 시간을 지키는 사람은 신용할 수 있으나 그렇지 못하는 사람은 신용할 수 없다. 신용을 논할 때, 시간 준수 여부는 정말 중요하다.

회의 시간에 태연히 지각을 하며, 사전에 정해놓은 거래처 방문 시간을 어기고, 친구와의 약속시간을 아무렇지도 않게 깨버리는 사람을 상식적으로 어떻게 신용할 수 있겠는가? 시간 준수는 기본적인 예의이므로, 이를 등한시하는 사람이라면 신용해서는 안 된다.

신용은 신뢰로 업그레이드된다

신용과 신뢰는 약간 의미가 다르다는 것을 알아둘 필요가 있다. 개인이든 회사든 간에 처음 신용을 거듭 쌓고, 그 쌓인 신용에서 비로소 신뢰가 생긴다.

신뢰란 처음부터 얻을 수 있는 것이 아니다. 시간과 돈 앞에서 올바르고 정확한 태도를 취할 때 주변의 신용을 얻게 되고, 그 신용을 얻은 상태를 일정 기간 계속 유지해야만 비로소 신뢰를 얻을 수 있다.

주변의 신뢰를 얻게 되면, 설령 어떤 문제가 발생하더라도 극단적인 상황까지 발전하지는 않는다.

약속한 상대가 나타나지 않는다고 가정해보자.

"그렇게 시간에 철저한 사람이 어째서 약속시간에 나타나지 않는 것일까?"

기다리던 사람은 상대방을 차츰 걱정하기 시작한다.

"교통사고라도 난 것 아닐까?"

"급박한 사정이 생긴 것일까?"

이런 식으로 염려를 해주는 것도 상대가 신용, 신뢰할 수 있는 사람일 때 가능하다.

인간관계에서 시간과 돈의 개념이 무너지지 않는 한 신용과 신뢰도 무너지지 않는다.

신용과 신뢰의 기본 원칙이 올바르게 체화될 때, 비로소 원만한 인간관계가 가능해진다는 사실을 염두에 두자.

긍정적 인간형으로 바꾸는 열 가지 방법이다. 이를 항상 염두에 두고 행동하다 보면 어느새 당신은 긍정형 인간으로 변화되어 있을 것이다.

① 자신의 결점보다 장점을 찾아 주목한다
② 무관심에서 호기심으로
③ 고정적인 사고에서 유연한 사고로
④ 방관자에서 참가자로
⑤ 안정 지향보다 변화를 추구한다
⑥ 감점법에서 가산법으로
⑦ 보수에서 혁신으로
⑧ 실패의 공포에서 성공에 대한 갈망으로
⑨ 부정적인 평가에서 긍정적인 평가로
⑩ 적극적인 자기 인식과 적극적인 자기표현

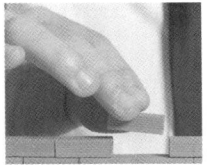

Chapter 4

생김새로
상대를 파악하는 법

◆ 얼굴 특징으로 성품을 읽는다
◆ 버릇으로 심리를 읽는다
◆ 체형으로 상대를 읽는다

얼굴 특징으로
성품을 읽는다

　얼굴이 넓은 사람은 대담하고 적극적이며 성격 또한 시원시원하다. 게다가 활동적이다.

　리더십이 뛰어난 활동가로 성공할 타입이라고 할 수 있다. 그러나 모든 기준을 자기 자신에게 맞추는 경향이 있어 자칫 타인에게 무례하게 요구하는 단점도 있다.

　이런 타입은 이론을 앞세우기보다는 작은 것이라도 당장 실행할 수 있는 일을 선호한다.

　반면 얼굴이 좁은 사람은 대개 소심하거나 세심한 성격으로 종종 쫀쫀하다는 말을 듣는다. 그러나 동정심이 있고 자부심이 강해 좀처럼 아쉬운 소리를 하지 않는 특징을 가지고 있다.

　이런 타입은 스케일은 적으나 성실하게 생활하기 때문에 좀처럼 실패하지 않는다. 다만, 좀 더 큰 목표를 계획하는 훈련이 필요한 유형이다.

둥근형의 얼굴을 가진 사람은 원만하며 소탈한 소시민적인 타입이다. 남과 다투는 것을 싫어하기 때문에 경쟁력이 부족하다. 그러나 주어진 일을 성실하게 해나가는 성격 탓에 어디서든 튀지 않는 무난한 유형이다.

네모형의 얼굴을 가진 사람은 인상에서 풍기는 느낌대로 독재적이며, 투쟁적인 성격이 강하다. 이런 타입은 빈틈이 없어 믿음직스럽지만 엄격한 가부장적인 경우가 많다.

이마를 보면 두뇌를 알 수 있다

이마는 그 사람의 두뇌나 정신 상태를 대변하고 있다. 따라서 이마의 형에 따라 각기 특징을 짚어볼 수 있다.

각진 이마의 소유자는 실무자 타입이다. 각진 이마란 전체적으로 네모진 느낌을 주는 이마를 말한다. 생활이 단정한 반면 멋이 없는 무미건조한 타입이다.

둥근형의 이마를 가진 사람은 각진 이마와는 대조적으로 성격이 온화하고 동정심이 많다. 이런 타입은 의지가 약해 실행력이 부족하다. 여성의 경우는 지극히 가정적인 현모양처 유형이다.

머리털이 고르지 못한 사람은 선천적인 게으름뱅이거나 지성미가 없다. 도덕심이 결여되어 있기 쉽고 풍파가 많아 고달픈 삶을 살아갈 타입이다.

M자형 이마(이마의 양측이 깊이 파인 이마)를 가진 사람은 대부분 사물에 대한 관심이 많으며 창조력이 뛰어나다. 따라서 이런 타입은 예술이나 창작 분야에 종사하는 것이 적격이다.

돌출형 이마를 가진 사람은 대인관계가 원만하며 사교성이 좋다. 사업에 성공할 확률이 높은데, 이런 타입은 많은 사람을 상대하는 서비스업에 적합하다.

눈썹 · 눈을 보면 성격 · 심리 상태를 알 수 있다

짙은 눈썹을 가진 사람은 성격이 활달하고 시원시원하며 정력적이다. 반면 눈썹이 옅은 사람은 말재주가 있어 행동력보다는 말로 한몫하는 타입이다.

옅은 눈썹을 가진 사람은 짙은 눈썹을 가진 사람과 정반대의 성격을 지녔다고 할 수 있다. 이를테면, 짙은 눈썹을 가진 사람이 정정당당한 플레이를 즐기는 반면 옅은 눈썹의 소유자는 숨어서 책략을 세우는 경우가 많다.

일자형 눈썹의 사람은 외골수적인 성격이 강해 주변인들에게 따돌림을 당하기 쉽다. 무슨 일이든 이론적으로 따지고 들기를 좋아하며 상대를 압도하고자 하는 성향이 강해 덕이 부족한 타입이라 할 수 있다.

팔자형 눈썹의 사람은 외형상 거칠어 보이지만 명랑하고 유연한 만큼 대인관계도 원만하다. 매사를 빈틈없이 처리하므로 성공을 거두는 사람이 많다. 두드러진 단점이라면, 낭비가 심하다는 점이다.

초승달형 눈썹의 사람은 정서가 풍부하며 섬세하다. 인품은 훌륭하지만 일에 소극적이고 실천력이 없으며 귀가 얇아 실패하는 일이 많다.

표정이 바뀔 때마다 눈썹이 올라가는 사람은 성격이 소탈하고 개방적이어서 어디를 가든 주목을 받는다. 여성이라면 남편을 출세시킬 유형이다.

미간이 넓은 사람은 빨리 성공할 타입이다. 양눈썹 사이가 손가락 두 개가 들어갈 정도로 떨어져 있는 사람은 일찍 성공하거나 안정을 찾는다. 낙천적인 성격으로 어디를 가든 호응을 받을 정도로 인기를 누린다.

미간이 좁은 사람은 성공이 늦을 상이다. 웃고 있는데도 울고 있는 것처럼 눈썹 모양이 만들어지는 사람은 불행을 불러들이는 유형이다. 이런 사람은 좋은 일보다는 나쁜 일을 먼저 생각하므로, 좋은 이야기도 건설적으로 설계하지 못해 결국 좋지 못한 결과를 초래하는 경향이 있다. 긍정적인 마인드로 변화를 시도해야 할 상이다.

눈썹 뿌리를 끌어들이듯 모으는 것이 습관화된 사람은 고뇌가 심한 사람으로, 역시 이미지 변신이 필요한 타입이다.

눈과 눈썹 사이가 좁은 사람은 인품은 견실하나 대인관계가 원만하지 못하다. 반대로 눈과 눈썹 사이가 넓은 사람은 사소한 일에는 신경을 쓰지 않는 타입으로, 마음이 넓어 다른 사람에게 좋은 인상을 주는 호인이다.

눈과 눈썹 사이에 살집이 많은 사람은 노력파로, 대기만성형이다.

눈이 작은 사람은 성격이 소박하고 부지런하며 노력하는 상이다. 사업가나 정치가보다는 공무원 쪽이 적합하다.

크고 온화한 눈을 가진 사람은 기회 포착이 빠르며 표현력이 뛰어나다.

움푹 들어간 눈을 가진 사람은 말수가 적고 자기 표현도 서툴다. 그러므로 이러한 눈을 가진 사람은 많은 사람을 거느리는 리더보다는 조직의 일원으로 성실하게 노력하는 일에 적합하다.

안구가 튀어나온 사람은 직감력과 통찰력이 뛰어나다. 게다가 무슨 일을 시작하면 끝을 봐야 직성이 풀리는 대단한 활동가다.

쌍꺼풀이 진 큰 눈의 소유자는 대체로 발랄하고 활동적이다. 그러나 약간 경솔한 면도 있다. 반면 쌍꺼풀이 진 작은 눈의 소유자에게는 소박한 성품에 발랄한 면도 있다.

한쪽만 홑꺼풀인 눈을 가진 사람 중에는 이중인격을 가진 사람이 많다.

코 · 귀를 보면 인격 · 금전운을 알 수 있다

콧대가 높은 사람은 자존심이 강하다. 성격이 거만하기 때문에 발밑을 보지 못하고 이상만 좇는다.

콧대가 낮은 사람은 겸허함이 지나쳐 자신을 비하시키는 경향이 있다. 주어진 일은 착실하게 잘하지만 리더로는 적합하지 않다.

코가 긴 사람은 융통성이 없고 고지식한 면이 있다. 자신의 기품을 지키려는 의도가 강해 복장이나 언행에 많은 신경을 쓴다. 이런 사람은 책임감이 강하고 꼼꼼하여 비교적 실수가 적다. 그러나 자신의 약점을 노출시키는 것을 죽기보다 싫어하므로, 누구에게도 마음을 터놓지 못하는 고독한 스타일이다.

흔히 말하는 매부리코의 사람은 금전적인 집착이 강해 돈을 벌기 위한 일이라면 수단과 방법을 가리지 않고 뛰어드는 황금우상주의자가 많다. 직업으로는 상업 쪽이 적합하며, 돈과는 인연이 있어 넉넉한 생활을 하지만 인간적으로는 매력이 없는 타입이다.

코끝이 둥근 사람은 일에 대한 욕심이 없고 편안함을 추구하며 산다. 체면에 연연하지 않는 실용주의자로 낙천적인 타입이다.

코끝이 뾰족한 사람은 자존심이 강해 남에게 지는 것을 싫어한다. 또한 남의 입장을 헤아리지 못하는 차가운 성품의 소유자다.

유난히 콧구멍이 큰 사람은 낭비가 심하며 어떤 일이든 숨기지를 못한다. 반면 콧구멍이 작은 사람은 경계심이 강하고 겁이 많아 어떤 사람이든 일단 경계를 한다. 그래서 대개 큰일을 하지 못한다.

귀가 큰 사람은 주의 깊은 성품으로 신중히 일을 처리한다. 게다가 귓볼까지 큰 귀는 금전적으로도 풍요로울 뿐 아니라 대인관계도 원만한 좋은 상이다.

귀가 작은 사람은 마음의 변화가 심한 사람이다. 의지가 약해 참지 못하는 성급한 사람이다.

앞에서 보았을 때 잘 보이지 않을 정도로 귀가 뒤로 젖혀진 사

람은 남을 지휘할 수 있는 리더상으로 적극적인 성품을 가졌다. 이런 사람은 정치가나 사업가가 적격이다.

귓볼이 빈약한 귀는 금전과 인연이 없다. 돈이 들어오면 들어오는 대로 써버리는 타입으로 궁핍하게 살아갈 상이다.

입을 보면 본능을 알 수 있다

입은 그 사람의 감정, 감각, 의지를 보여준다. 그래서 입 모양을 보면 그 사람의 타입을 알 수 있다.

입이 큰 사람은 대개 호탕한 성격으로, 행동력과 결단력이 뛰어나 많은 사람을 거느릴 형이다.

입이 작은 사람은 소심하고 투쟁력이 결여되어 있어 남의 위에 설 수는 없지만 생활력이 강해 직장인으로서는 성실성을 인정받는다.

입이 튀어나온 사람은 야성적이며 자기 주장이 강하다. 반면 입이 들어간 사람은 소극적이며 마음이 약하여 기분을 억제하기 때문에 스트레스가 많으며, 걱정도 많다. 웬만해서는 자기 주장을 하지 못하고 상대편에게 맞추어주는 성격으로 '예스맨' 스타일이 많다.

입술이 두터운 사람은 정이 많다. 반면 얇은 입술은 타산적이며 자기 본위로 말이 많은 편이다.

윗입술이 얇은 사람은 남에게 받기만 하고 베풀 줄 모르는 경향이 있다. 반대로 윗입술이 두터운 사람은 정이 많다. 여성의 경우엔 남자에게 약해 유혹에 잘 넘어가는 것이 특징이다.

습관적으로 입술을 일그러뜨리는 사람은 성격이 급해 쉽게 화를 내는 경향이 있다. 호기심이 많아 이 일 저 일에 참견하기를 좋아하므로, 상대에게 미움을 사거나 적을 만든다. 이런 사람은 인간관계가 부드럽지 못한 편이기 때문에 혼자 하는 일에 적격이다.

평소에 습관적으로 입을 벌리고 있는 사람은 인내력이 부족할 뿐 아니라 머리 회전도 빠르지 못하다.

웃을 때 잇몸이 드러나는 사람은 보기와 달리 언제나 젊은 마음으로 사는 패기왕성한 타입이다. 성격이 소탈한데, 여성인 경우 남자에게 약해 무슨 일을 부탁받으면 거절하지 못하는 게 특징이다.

볼이 얼굴형을 좌우한다

볼이 통통한 사람은 금전운이 좋고 대인관계가 원만하다. 이런 유형은 많은 사람의 신망을 얻어 멋진 인생을 누린다.

얼굴형과는 상관없이 볼이 홀쭉한 사람이 있는데, 이런 사람은 일단 인덕이 없다. 성격이 꼼꼼하고 부지런하며 일밖에 모르는 사람으로, 매력이 없는 타입이기도 하다.

광대뼈가 튀어나온 사람은 투쟁력이 있고 생활력이 강하다. 이런 사람은 대부분 강한 신념을 가진 노력형이다. 보조개가 있는 사람은 남성다움이 약간 부족하고 나약한 면이 있다. 그러나 여성의 경우엔 애교가 많고 섹시한데, 자유분방한 성격으로 그다지 가정적인 타입은 되지 못한다.

치아가 입 모양을 결정한다

입을 꼭 다물 수 없을 만큼 앞니가 긴 사람은 적극적인 성격으로, 탁월한 수완가가 많다. 그러나 성욕이 강해 이성 간에 트러블을 만드는 상이다.

뻐드렁니를 가진 사람 중에는 수다쟁이가 많다. 말하기를 즐기는 타입으로, 비밀을 누군가에게 털어놓지 못하고는 견디지 못한다.

이빨 사이가 벌어진 사람은 끈기가 부족하다. 무슨 일이든 중도에서 포기하는 경향이 있다. 또한 낭비벽이 있어 주머니에 있는 돈을 쓰지 않고는 버티지 못한다.

덧니가 난 남성은 대부분 성격이 우유부단해 결단력이 부족하고 주관이 뚜렷하지 못하다. 하지만 여성의 경우에는 사람들에게 호감을 준다.

어깨·등을 보면 자신감을 알 수 있다

어깨는 자신감이 드러나는 곳이다. 무언가 과시하고 싶다거나 자신이 있을 때는 자기도 모르게 어깨가 올라가 으쓱한다. 그런가 하면 긴장하거나 주눅이 들 때 어깨를 잔뜩 움츠리거나 늘어뜨린다. 그래서 어깨를 보면 그 사람의 심리 상태를 어느 정도 읽을 수 있다.

어깨가 넓은 사람은 건강하고 성품 또한 명랑하다. 여성이 이런 어깨를 가졌다면 남성적인 요소가 강하다고 볼 수 있다.

어깨가 딱 벌어지고 올라간 여성은 남자를 능가하는 강한 성격의 소유자로, 사회 활동은 잘하지만 현모양처 타입은 아니다.

어깨가 처져 있거나 늘 힘없이 늘어뜨리고 다니는 남성은 매사에 의욕이 없고 박력이 없다. 한마디로 여성적이며 소극적이다.

오른쪽 어깨가 높이 올라간 사람은 성품이 거칠거나 불량할 가능성이 있다. 일례로 불량배는 분위기를 잡을 때 꼭 오른쪽 어깨를 올리며 으쓱댄다.

어깨가 넓고 풍성한 사람은 건강한 타입으로, 섹스에 강하며 모든 일을 경쾌하게 처리하기 때문에 성공도 빨리 이룬다. 어깨가 좁고 오므라진 사람은 모든 점에서 반대되는 스타일이다.

등줄기가 곧고 바르게 펴진 사람은 기력이 좋으며 어떤 어려움도 극복하는 의지가 강한 사람이다. 그리고 등줄기 중앙이 세로로 움푹 패인 사람은 성공적인 삶을 살아간다.

그러나 등이 굽은 사람은 매사에 자신감이 없어서 사람을 거느리지 못하고 남에게 부림을 받을 타입이다. 등이 여윈 사람은 일단 경제적으로 빈곤하며 사람이 따르지 않아 고독하게 살아갈 타입이다.

엉덩이가 유난히 큰 남성은 여성적이고 결단력이 부족하다. 엉덩이가 유난히 큰 여성은 성적으로 둔하여 이성에게 매력이 없다.

버릇으로
심리를 읽는다

  늘 베개나 벽 같은 무엇인가에 등을 기대야 안정감을 갖는 여성
은 심리적으로 의지할 사람을 원한다고 볼 수 있다. 이런 여성은
자신에게 만족하지 못하고 항상 무엇인가 부족함을 느낀다. 채워
지지 않는 마음이 뭔가에 의지하려는 심리로 표출되는 것이다. 이
러한 버릇이 있는 여성은 자신을 받쳐주는 무엇인가를 찾음으로
써 안도감을 얻으려 한다.

  늘 아랫입술을 깨무는 여성은 누군가를 몰래 사랑하지만 그것
을 털어놓지 못하는 스타일이다.

  목소리가 고운 여성은 섹스에 능하다. 그러나 박정하고 남성을
농락하는 일면도 있다.

  처음 만난 남성과 대화를 나누기도 전에 웃음부터 보내는 여성

은 대체로 정이 많은 타입이다. 이런 여성은 허물이 없고, 가능한 한 많은 남성과 가깝게 지내고 싶어 한다.

침을 튀기면서 열정적으로 이야기하는 여성은 자기 주장이 강해 자신의 의견을 관철시키려고 하는 고집스러운 면이 있다. 하지만 다정한 면도 가지고 있다.

안의 물건을 계속 넣었다 꺼냈다 하는 식으로 핸드백을 자꾸 만지작거리는 여성은 욕구불만에 차 있다. 이런 여성은 불안한 심리 상태라고 할 수 있다.

담배 연기를 거침없이 내뿜는 여성은 제멋대로이고 반항적이며, 쉽게 화를 내고, 이상만 좇는 타입이다.

등을 곧게 펴고 성큼성큼 걷는 여성은 독립심이 강해 사회생활에서 남성과 맞서는 것을 좋아한다. 이런 여성은 가정에서도 남편이 하는 일에 일일이 참견을 하고 남편의 일 때문에 찾아오는 사람에게까지 일일이 간섭하려 한다. 한마디로 주위 사람을 피곤하게 하는 기질이 있는 타입이다.

평소 거침없이 말을 잘하다가 어떤 남성 앞에서는 말을 더듬는 여성이 있는데, 이는 남성에게 강한 사랑을 품고 있어 자신을 잘 보이려고 긴장한 나머지 오히려 말을 잘하지 못하는 경우다.

특정 남성 앞에서 심하게 수줍어하거나 얼굴을 붉히는 여성 또한 그 남성에게 연정을 품고 있다고 볼 수 있다.

남성과 대화 중 머리를 자주 매만지거나 우수에 찬 눈으로 상대를 응시하는 여성은 그 남성에게 포옹을 받고 싶다는 것을 강하게 표현하고 있다고 볼 수 있다. 이런 여성은 끼가 많은 것이 특징이다.

누군가를 기다릴 때 습관적으로 팔장을 끼는 여성은 남을 배반하거나 쉽게 기만한다. 또한 성적 욕구도 강한 편이다.

앉아 있을 때 오른쪽 어깨가 낮은 여성은 정에 빠지기 쉬우며, 유부남도 가리지 않고 연애 감정을 품는 자유주의자, 다소 윤리관이 흐린 타입이다.

앉아 있을 때 이리저리 몸을 움직이거나 안절부절못하는 여성은 침착성이 없는데, 의외로 색골 타입이다. 반면 단아하게 정좌를 하고 있는 여성은 인품이 갖추어져 있으며 예의가 바르다.

처음 만난 남성에게 자주 눈길을 보내는 여성에게는 타고난 바람둥이 기질이 있다.

앉는 자세로 인품을 읽는다

앉은 자세가 바른 사람은 인품이 뛰어나다. 이런 사람에게는 큰일을 할 만한 기량이 있다.

앉았을 때 상체가 앞으로 기울어진 사람은 마음이 조급하고 매사에 집중력이 약한 편이다.

특별한 이유 없이 늘 무릎을 떨고 있는 사람이 있는데, 이런 사람에게는 돈이 붙지 않는다. 주의가 산만하여 집중력이 떨어지기 때문이다.

전철, 휴게실 등의 여러 사람이 함께 앉는 좌석을 혼자 차지할 만큼 다리를 벌리고 앉는 사람은 이해심이 없는 사람이다. 이런 사람이 성공하는 예는 별로 없다.

걸음걸이로 상대를 읽는다

성공하려면 먼저 당당한 걸음걸이를 배우라는 말이 있다. 자신감이 있는 사람은 걸음걸이부터 다르다. 생각이 바뀌면 그것이 행동으로 나타나듯이, 걸음걸이가 당당하면 자연히 그 사람도 당당해진다.

넘어질 듯이 상체를 앞으로 기울이며 걷는 사람은 마음이 초조하고 성급한 사람이다. 마음에 여유가 없으므로 늘 무엇인가에 쫓기고 있어 스트레스를 많이 받는 타입이다. 이런 사람은 가슴을 활짝 펴고 상체를 바르게 세워 당당히 걷는 자세를 연습할 필요가 있다.

위를 보고 걷는 사람은 활력은 있지만 거만한 사람이다. 반면 땅만 보고 걷는 사람은 뭔가 비밀을 간직한 음침한 면이 있고, 그래서 근심이 많은 형이다.

어깨를 으스대며 걷는 사람은 허세를 부리지만 실상은 소심한 겁쟁이로, 혼자서는 아무 일도 할 수 없는 나약한 사람이다. 마음이 소심하기 때문에 과잉 방어를 하려는 경향이 있다.

길을 걸을 때 주위를 두리번거리며 걷는 사람은 두려움에 차 있거나 무엇인가를 경계하고 있다는 증거다. 마음이 불안정한 상태인 것이다.

마찬가지로 길을 걸을 때 특별한 이유 없이 계속 뒤를 돌아보는 사람 역시 불안한 심리 상태일 경우가 많다. 무슨 나쁜 일을 계획하고 있거나 나쁜 일을 하고서 누군가 지켜보고 있는 것은 아닌가 하는 막연한 불안감을 느낄 때 나타나는 행동이다.

유난히 발소리를 크게 내며 걷는 사람은 품행이 단정하지 못한 만큼 예의를 모른다. 좌우로 엉덩이를 흔들 듯 걷는 사람 역시 무지하며 게다가 색정적이다.

어린아이의 걸음처럼 아장아장 걷는 사람은 대범하지 못하고 소심한 스타일이다. 이러한 사람은 재능이 있어도 인정받기가 쉽지 않다. 가능한 한 경쾌한 마음으로 바르게 걷는 연습을 해야 할 사람이다.

무언가에 쫓기는 듯이 성급하게 걷는 사람은 침착성이 없으며 섣부른 판단으로 실패하기 쉽다. 목적지 없이 뛰고 있는 것처럼 불안정하며, 한 곳에 오래 있지 못하는 성격이다.

양어깨를 흔들며 걷는 사람은 점잖지 못하거나 가벼운 타입으로 신뢰를 받지 못할 가능성이 크다.

말씨와 대화 스타일로 성품을 읽는다

누구나 자신의 상황에 따라 목소리나 말씨가 달라진다. 이를 근거로 상대의 심리 상태를 어느 정도 읽을 수 있다.

말을 잘하지 못하면서도 의외로 설득력이 강한 사람이 있다. 이는 자신의 입장에서 일방적으로 말하지 않고 상대의 의견을 충분히 들으며 상대가 필요로 하는 것에 대하여 토론을 하기 때문이다.

또한 꾸밈이 없기 때문에 군더더기 말 없이 문제의 핵심을 곧바로 언급한다. 그래서 많은 말을 하지 않고도 쉽게 결론에 도달할 수 있다.

웅변가처럼 청산유수로 말을 잘하는 사람 중에도 설득력이 없는 경우가 많다. 멋진 말이고 명강의인 듯한데, 돌이켜서 보면 머릿속에 남는 말이 없다. 핵심이 없는 이야기, 아무리 멋진 말이라도 의미가 없기 때문이다.

목소리가 크고 힘이 있는 사람은 성격이 개방적이고 정직하다. 이런 스타일에 호인이 많다. 반면, 작은 소리로 속삭이듯 이야기하는 사람은 비밀이 많아 베일에 가려진 인물이다. 겉으로는 잘 드러나지 않지만 신경질적이고 시기심이 많다.

대화 중 제스처가 풍부한 사람은 자기 주장이 강한 스타일로, 화려한 연출을 좋아하는 경향이 있다. 평소 제스처를 쓰지 않던 사람이 갑자기 지나치게 제스처를 쓴다면, 자신의 주장을 관철시키고자 하는 의지가 강하다고 보면 될 것이다.

상대가 자신을 비난 또는 충고할 때 이야기를 끝까지 들으려 하지 않는 사람이 있다. 대부분 상대방의 이야기를 끊고 도중에 반론을 제기하거나 변명을 한다. 이렇듯 도중에 상대의 말을 가로막는 사람은 매사 이기적이며 상대방에 대한 배려가 부족하다. 그러나 끝까지 당당하게 반론을 하기 전에 상대의 이야기를 다 듣는 사람은 인내력이 강하고 냉철한 판단력의 소유자로 성공할 수 있는 인물이다.

말을 쉬엄쉬엄 하는 사람은 성격이 느긋하거나 신중하거나 둘 중 하나에 해당한다. 이야기의 내용이 건실하면 신중한 사람으로 보아도 좋다. 이런 사람은 실언을 하지 않는다. 아는 게 많은 만큼 실패하는 일이 거의 없다.

자기보다 지위가 높은 윗사람에게는 정중하지만 아랫사람에게는 방자하고 거만한 태도로 명령하듯 대하는 사람이 있다. 이런 사람은 주위의 신망을 얻지 못해 반드시 실패하게 된다. 상대에게 대우를 받고 싶다면, 먼저 상대를 대우해야 한다. 여기에는 윗사람과 아랫사람이 있을 수 없다. 윗사람에게 예의를 지키는 동시에 아랫사람에게도 인간적으로 대해야 한다. 이것을 지키지 못하는 사람은 결국 성공할 수 없다.

끝없이 자기 자랑만 늘어놓는 사람은 상대의 입장을 헤아리지 못하고 단지 자신의 허영심을 채우려는 일념으로 가득찬 사람이다. 또한 열등감에 사로잡힌 사람이라고도 볼 수 있다. 대화 상대가 이런 타입이라면, 그 사람의 마음이 흡족해질 때까지 무조건 들어주는 것이 능사는 아니다. 적당한 선에서 화제의 내용을 바꾸는 것도 지혜로운 방법이다.

거리낌 없이 자신의 실패담을 들려주는 사람은 마음의 여유가 있는 사람이다. 실패담을 듣고 나면 인간적으로 그 사람을 이해할 수 있게 될 뿐만 아니라 친근감을 갖게 된다.

이야기를 할 때 턱을 내밀고 말하는 사람이 있다. 이런 사람은 상대를 얕잡아보거나 스스로 우월감에 빠져 있는, 거만하고 잘난 체하는 성격의 허풍쟁이 타입이다.

약간 화난 듯한 말투를 가진 사람은 처세가 서툴지만 근본은 정직하다. 자신의 감정 표현에 거짓이 없기 때문이다. 처음에는 호감을 느낄 수 없는 타입이지만, 의외로 의리도 있고 정이 많은 따뜻한 사람이다.

체형으로
상대를 읽는다

사람을 만날 때, 체형은 그 사람의 내면을 보여주는 힌트가 된다. 이제, 체형으로 상대를 읽는 법에 대해 알아보자.

가냘픈 체형

전체적인 체형에 비해 머리가 큰 편인 사람은 신체적으로 가냘픈 인상을 준다. 아무리 많이 먹어도 살이 찌지 않으며 운동을 해도 근육이 나오지 않는 스타일이다.

이마가 넓고 턱이 뾰족해 달걀을 세워놓은 것 같은 역삼각형의 얼굴을 가진 사람은 사교적이지 못하다. 여러 사람이 모인 장소를 찾기보다는 혼자서 조용히 독서를 하거나 고독을 즐긴다. 일처리가 꼼꼼하며 청결한 것을 좋아해 정리정돈을 잘한다. 남을 꿰뚫어 보는 눈이 뛰어나다. 그래서 상대의 실수나 결점을 잘 찾아낸다. 그러나 자신에 대한 평가에 민감하게 반응하는 예민한 타입이다.

이런 체형의 소유자는 신경이 예민하고 판단력이 뛰어나 창조적인 직종이나 연구 등에 전념하는 것이 좋으며 공무원 등에도 적합하다. 마음이 조급해지기 쉬운 타입인 만큼 신경성 노이로제에 걸리기 쉬우므로 주의를 할 필요가 있다.

둥글둥글한 체형

얼굴의 형태뿐만 아니라 눈도 턱도 둥글둥글하고 통통한 체형의 사람은 가냘픈 체형과는 반대로 많이 먹지 않아도 살이 찌는 경향이 있다. 이런 체형의 사람은 외모에서 풍기는 것과 같이 포근하고 따뜻한 인상을 준다.

명랑한 성격에 정이 많아 고독한 것을 참지 못하므로 교제를 폭넓게 한다. 그러나 딱부러지지 못한 단점을 가지고 있으며, 관습에 얽매이지 않기 때문에 실리적이긴 하지만 경솔한 면을 가지고 있다. 남의 입장을 잘 헤아리므로 미움받는 일은 거의 없으나 마음이 좋아 거절을 못해 손해를 보는 경우가 많다.

단점으로, 기분이 수시로 바뀐다. 무슨 일이든 싫증을 잘 내고 집념을 불태울 만한 끈기가 없다.

이런 타입은 단순한 사무에는 금방 싫증을 내므로, 형식에 얽매인 딱딱한 업무에는 적합하지 않다. 따르는 사람이 많고 대인관계

가 원만하며 순간적인 발상력이 뛰어나므로, 이 점에 포인트를 맞춰 직업을 선택하면 크게 성공할 타입이다.

우람한 역삼각형의 체형

우람한 역삼각형의 체형은 근육이 잘 발달되어 있는 만큼 기력이 넘치는 타입이다. 얼굴에 살이 많지는 않으나 턱뼈가 나와 전체적으로 사각을 이루고 있는 상이다.

이런 사람은 주위의 의견에 아랑곳하지 않고 자신이 생각하고 있는 바를 거침없이 밀어붙인다. 경쟁심이 강하고 남보다 앞서려는 정신을 가진, 투쟁심이 많은 사람이다.

자존심이 세고 스포츠나 무도를 즐기는 박력 있는 남성다운 성격이다. 어려운 일에 부딪혀도 계획을 중도 변경하거나 단념할 줄 모르는 성격이다. 그래서 알면서도 손해를 보는 경우가 종종 있다.

집착력이 강해 어떤 목표가 설정되면 포기하지 못한다. 그것을 성취하기 위해 때때로 모험을 하거나 책략을 쓰기도 한다.

이러한 타입은 사업이 잘될 때 탄탄대로지만 무너지면 재기가 불가능할 만큼 철저하게 실패한다.

남의 의견을 묵살한 채 강한 주장으로 위압감을 주기 때문에 대인관계는 좋지 못하다.

이 체형은 상하관계가 분명한 직업에 적합하다. 즉, 군대처럼 수직관계가 절대적인 조직 속에서는 저항감을 품지 않는다. 그래서 경찰관, 교도관, 무술인, 스포츠맨, 체육교사 등에 적합하며 힘 있는 리더가 필요한 곳에 안성맞춤이다.

상대방에게 협조하는 일은 서툴지만 정의감이 뛰어나기 때문에 이런 사람은 명령적인 말투보다는 부탁하는 형식이 효과적이다. 이런 사람이 기업체의 중간관리자가 되었을 경우, 윗사람에게나 아랫사람에게 성가신 존재가 될 가능성이 높다.

힘 있고 당당해 보이지만 그런 만큼 인생을 고독하게 살아갈 타입이다. 평소 힘으로 상대를 다스리기보다는 마음을 열어놓고 인간관계를 맺는다면, 모든 사람에게 매력을 줄 수 있는 타입이다.

인상은 얼마든지 바꿀 수 있다

얼굴은 사람마다 각기 다른 만큼 표정도 다르다. 어떤 사람은 특별히 즐거운 일이 없어도 늘 웃음을 머금은 것 같은 환한 표정을 짓는다. 어떤 사람은 언제나 미간을 찌푸리고 있거나 잔뜩 화가 난 얼굴을 하고 있어 보는 사람에게 불안감을 준다.

실제로 웃는 얼굴은 보는 사람에게도 편안함을 주기 때문에 주위에 사람이 많다. 그러나 어딘지 고통을 참고 있는 듯한 표정을 한 사람에게는 사람이 몰리지 않는다.

'자신의 운명은 스스로 만든다'는 말이 있듯이, 표정은 얼마든지 바꿀 수 있다. 생김새와 체형이 어떻든 전혀 상관없다. 지금까지 주위 사람들에게 썩 좋은 인상을 주지 못했다면, 이제부터 노력하면 된다.

얼굴이 늘 무표정하거나 찌푸린 상이었다면, 미소 짓는 표정으로 바꾸는 훈련이 필요하다. 하루에도 몇 번씩 거울 앞에서 찌푸린 얼굴을 펴고 환하게 미소 짓는 연습을 하는 것이다. 이러한 훈련을 반복하다 보면, 자신도 모르는 사이에 표정이 바뀔 것이다.

이런 노력은 비단 표정에만 국한되는 것이 아니다. 성격, 버릇, 태도, 대화 방법 등에도 적용되는 것이다.

노력만 한다면 자신의 성격이나 버릇, 표정을 바꿀 수 있다. 그럼으로써 운명까지도 얼마든지 바꿀 수 있다. 상대를 파악하는 일도 중요하지만 자신을 아는 일이 더욱 중요하다.

자신이 소심한 형이라면 평소 마음 씀씀이를 넓게 갖는 노력을 하라. 고독한 타입이라면 대인관계에 더욱 마음을 써보자. 경솔한 성격의 소유자라면 신중함을 기르는 데 노력해보자.

타고난 외모야 어쩔 수 없지만, 그밖의 것들은 나 자신의 리드대로 움직인다. 자신의 특성뿐만 아니라 운명까지도 스스로 만들어가는 것이라는 사실을 명심하라.

패션으로 부족한 체형을 커버하며 이미지를 개선하는 일곱 가지 방법이다. 멋쟁이로 가는 이 일곱 가지 포인트를 체화하면, 더 좋은 이미지로 대인관계를 펼칠 수 있을 것이다.

① 종아리가 굵다면, 굵기가 더욱 부각되는 하이힐은 피한다. 통굽 구두 역시 피한다.
② 7센티미터 이상의 하이힐은 등이 펴지고 긴장감을 주어 우아하게 보인다. 그러나 장시간 착용은 발은 물론 허리에 무리를 주므로 피한다.
③ 구두와 스타킹의 색을 맞추면 다리가 길어 보이고 단정한 느낌을 줄 수 있다. 불투명한 스타킹도 같은 효과를 볼 수 있다.
④ 무늬가 있는 스타킹은 다리를 굵어 보이게 한다. 지나치게 화려한 색상의 스타킹은 점잖은 자리에서는 피하는 것이 좋다.
⑤ 남성의 경우, 바지와 같은 계열로 약간 진한 색의 양말을 신어야 한다. 진한 색상의 바지에 흰 양말을 신는 것은 잘못된 착용법이다.
⑥ 자신의 피부, 머리, 눈 색깔에 맞는 색을 연구하고 선택해보라. 생각하지도 않았던 색이 어울린다는 사실에 깜짝 놀랄 것이다.
⑦ 옷은 여러 가지 색상보다는 톤을 잘 맞추는 것이 중요하다. 화장, 머리, 옷, 구두의 색깔을 균형 있게 하고, 소품으로 색을 다르게 하거나 반대색을 조화시킨다.

part 2 조직 편

Chapter 5

기업을 살리는
리더의 조건

◆ VSOP 리더
◆ 리더의 조건
◆ 리더는 명령하지 않는다

VSOP
리더

VSOP란 대단히(Very) 우수하고(Special), 해를 거듭하여(Old) 색깔이 잘 완성된(Pale) 브랜디 등급으로, 25~30년 동안 숙성된 최상품을 의미한다. 리더는 이러한 VSOP를 지향해야 한다. 즉, 아주 우수하고 경험이 풍부하며 인간성도 훌륭한 리더를 지향해야 한다는 말이다. 하지만 여기에서는 VSOP에 좀 다른 의미를 붙였다.

- V(Vitality) : 열정적으로 활발하게 행동하는 사람
- S(Speciality) : 다양한 방면에 능력을 갖고 있으면서도 어떤 전문 분야에 대해서도 뛰어난 역량을 갖춘 사람
- O(Originality) : 모든 지혜와 창조성을 발휘하여 업무를 추진하는 사람

• P(Personality) : 인간미가 넘치면서도 개성적이고 매력적인 인격을 갖춘 사람

　물론 이러한 VSOP에 각자 목표에 따라 다른 의미를 부여할 수도 있을 것이다. 하지만 어떤 목표에 어떤 의미를 붙이든 위 VSOP는 모든 리더에게 공통 지향점이 된다고 말하고 싶다.

　VSOP에 합당한 인간이 된다는 것은 아주 어려운 일이다. 단순히 목표로만 끝날지도 모른다. 그럼에도 VSOP를 지향하고 노력하는 데 큰 의의가 있다고 하겠다.

　팀이란 팀원이 활성화돼 있어야 하고, 팀원 간에 협력이 잘 이루어져야 하며, 그들에게 진취성이 있어야 한다. 이것만 갖추어진다면, 팀으로서의 기본적인 조건은 충족되었다고 할 수 있다.

　이렇게 3박자가 들어맞으면 팀장은 명실공히 리더가 된다. 명목상의 '장(長)'이 아니라 팀원들을 일사불란하게 이끌고 나아가는 실질적인 리더가 되는 것이다. 따라서 과장이나 팀장, 부장 같은 관리자는 자신의 팀이 3박자 위에서 놀 수 있도록 최선을 다해야 한다.

　조직의 목표를 명확하게 설정하고, 팀원 모두가 협동과 도전정신으로 활발하게 일을 진행할 수 있는 상황을 만드는 것이 VSOP 리더의 역할이다.

리더의
조건

VSOP 리더가 되려면 다음의 사항을 염두에 두어야 한다.

첫째, 사람을 싫어해서는 안 된다.

둘째, 모든 일에 긍정적이어야 한다.

셋째, 매사에 자신감과 여유를 가져야 한다. 이것은 어느 정도 능력의 문제이기도 하지만 절반쯤은 태도 여하에 따른 문제다. 후천적 습성이라고 보아도 좋으므로 분명 개선할 수 있다.

넷째, 리더십을 길러야 한다. 리더십은 선천적인 재능이 아니다. 따라서 얼마든지 후천적으로 계발할 수 있다.

다섯째, 업무의 조직화와 팀원의 조직화를 따로 떼어서 생각하면 안 된다. 두 사안은 수레의 두 바퀴 같아서, 팀원의 조직화와 업무의 조직화는 함께 가야 한다.

사람을 좋아해야 한다

VSOP 리더는 사람을 싫어하지 않아야 한다. 이는 다시 말해 사람 사귀기를 즐겨야 한다는 뜻이다.

사람을 좋아하거나 싫어하는 것은 정도의 문제일 것이다. 하지만 사람을 좋아한다고 해서, 단순히 누구나 친하게 지낼 수 있다는 의미로 해석해서는 안 된다. 사람을 좋아한다는 것은 친밀감을 가지고 상대방을 하나의 독립적인 인격체로 존경하면서 적극적으로 사귀려는 태도를 의미한다.

개개인에 대한 호불호(好不好) 감정은 사람인 이상 당연한 것이다. 사람을 싫어하는 이는 사람을 피하려고 하지만, 사람을 좋아하는 이는 싫어하는 사람까지도 포용하며 그의 좋은 점을 발견하려고 노력한다. 바로 이 지점이 좋은 리더, 나쁜 리더의 갈림길이 된다.

해외 비즈니스를 나갈 때, 싫어하는 사람이나 마음에 들지 않는 사람을 선택하여 동행하는 경영자도 있다. 그렇게 하는 이유는 그 인물의 됨됨이, 능력, 좋은 점을 파악 수도 있기 때문이다. 그러한 노력이 VSOP 리더에게는 무엇보다 필요하다.

모든 일에 긍정적이어야 한다

비관적인 리더가 이끄는 팀원에게 좋은 성과를 기대할 수 없다. 활성화된 조직력은 더더욱 기대할 수 없다.

비관적인 정보를 입수했다고 해서 비관적인 빛을 얼굴에 나타내는 리더는 자격 미달이다.

비록 악조건이더라도 시기적절하게 구체적인 업무 지시가 내려왔을 때, 그리고 리더가 업무 지시에 걸맞은 긍정적인 확신에 찬 의지를 보여주었을 때, 팀원은 목표를 향해 열심히 매진할 수 있다.

리더의 긍정적이고 낙관적인 태도는 팀원을 따르게 만든다. 긍정적 책임감 그리고 확고한 신념과 결의가 없는 리더는 신뢰를 얻을 수 없다.

자신감과 여유를 가져야 한다

바쁘고 힘든 상황에서도 훌륭한 리더는 자신감과 여유를 갖는다. 그럴 겨를이 어디 있느냐고 반문한다면, 결코 일류 리더라고 할 수 없다.

자신감과 여유는 스스로를 제어하며 갈고닦았을 때 생겨나는 것이다. 명인이나 장인이라고 일컬어지는 사람들은 천부적인 자질보다는 끊임없는 노력 덕분에 그런 위치에 오를 수 있었다.

VSOP의 S(전문성)가 강해지면 적어도 그 분야에서는 자신감과 여유를 찾을 수 있다. 그것을 그저 더욱더 길러가면 되는 것이다.

또한 리더는 부하 중 누가 어떤 종류의 S를 갖고 있는지 파악하고, 그를 적재적소에 배치할 때 리더 자신은 물론 팀 전체에 자신감과 여유를 불러일으킬 수 있을 것이다.

리더십을 길러야 한다

리더십을 기르는 데 역점을 두어야 할 것은 다섯 가지다.

• 부하의 능력을 살려라

리더의 역할은 부하의 능력을 개발하고 육성하는 것이다. 개인의 역량을 키워준다면, 그 개개인이 모인 조직은 무한한 힘을 발휘할 수 있다. 이것이 바로 리더십이다.

• 자신의 독자적인 분야를 살려라

목표를 달성하는 데는 한 가지 길만 있는 것은 아니다. 지리산 노고단으로 올라가는 길이 한 코스만 있는 것이 아닌 것처럼 말이다. 자신이 잘 알고 있는 길을 타고 정상에 접근해 나아간다면, 자신감과 여유를 가지고 리더십을 발휘할 수 있다.

• 목표를 나누어라

달성해야 할 목표는 대개 몇 가지의 작은 목표로 나눠진다. 이러한 작은 목표마다 소규모의 팀과 하위 리더를 투입하는 것이 리더십의 살아 있는 실천법이다.

• 과거 사례를 롤모델로 삼아라

모방은 결코 창피한 일이 아니다. 훌륭한 선례를 철저하게 배운다는 것은 리더십을 발전시키는 길이다. 선례가 없을 경우, 선배나 상사 또는 경험이 풍부한 전문가를 통해 배우는 것이 가장 빠른 길이다.

• 자신을 궁지에 몰아넣어라

사람은 아무리 열심히 땀 흘려 일하더라도 70~75퍼센트밖에 힘을 발휘하지 못한다. 말하자면, 나머지 25~30퍼센트의 능력은 숨어 있는 것이다. 이 능력은 대개 교통사고나 화재사고 같은 불가항력적인 상황에서 발휘된다.

같은 이치다. 어떤 어려운 상황에 부딪혔을 때, 자신을 의식적으로 궁지에 몰아넣으면 생각지도 않았던 능력이 생기기도 한다. 자신을 의식적으로 궁지에 몰아넣는다는 것은 일종의 자기 채찍질이다.

경험해본 사람은 알겠지만, 그런 식으로 자신을 몰아넣고 어느 정도 시간이 흐르면 어느 순간 좋은 아이디어가 불쑥 튀어나와 준다. 어려운 상황을 반드시 해결하겠다는 절실함이 강하면 강할수록 그 시간이 짧아진다.

물론 항상 이 방법을 쓰면 몸에 무리가 가는 부작용의 역효과가 나겠지만, 가끔 죽을 각오로 길을 열어보는 것도 좋다.

업무의 조직화와 팀원의 조직화를 함께하되, 인간적인 조직을 만든다

지도자로 추앙받는 훌륭한 리더를 자세히 관찰해보면, 하나의 결론에 이르게 된다. 그것은 인간적인 조직을 만든다는 사실이다.

인간적인 조직을 만든다는 것은 미소 띤 얼굴로 어깨를 다독거린다거나 돈으로 해결할 수 있는 일이 아니다. 사람을 끌어들이려면 기본적으로 지도자의 확고한 이념, 신념뿐만 아니라 숭고한 인격까지도 갖추고 있어야 한다.

좋은 리더의 원천이 바로 여기에 있다. 인간적인 조직을 만든다는 것은 바꾸어 말해, 사람이 거기에서 성장하며 여러 가지 욕구를 충족할 수 있도록 보장한다는 것이다.

이런 점에서 훌륭한 리더가 되고자 한다면, 먼저 덕망 있는 지도자가 실천하는 인간관리의 기술을 배울 필요가 있다.

리더는
명령하지 않는다

VSOP 리더를 지향하고자 하지만 분명 만만치 않다. 이제 조직 관리자, 리더가 현실적으로 지닌 다섯 가지 측면에 대해 알아보기로 한다.

- 경영(조직) 활동의 제일선을 담당하고 있다
- 업무는 과다하면서도 권한은 작다
- 부하는 명령만으로 움직이지 않는다
- 부하에게 역할을 부여해야 하지만, 인사권이 거의 없다
- 부하들의 각양각색의 변화에 직접적으로 대응하지 않으면 안된다

경영의 제일선

'나는 경영의 제일선에 서 있다'고 스스로에게 주입하는 것은 좋지만 타인에게까지 그렇게 말하는 것은 외면을 당하기 쉽다.

물론 관리자는 경영의 제일선에 있는 것이 사실이며 여러 가지 일을 떠맡고 있다. 제일선 부대가 제대로 일을 하지 못한다면, 상품 생산은 불가능하며 판매 또한 원활히 이룰 수 없다.

경영 목표를 달성할 수 있는가의 여부는 제일선 부대의 활약 여하에 달려 있다고 해도 과언이 아니다. 고위층이 설정한 조직의 목표만 있다고 해서 그것이 달성되는 것은 아니다.

제일선의 역할은 경영의 목표를 달성하는 것이다. 따라서 제일선의 관리자는 온갖 고통스런 조건이나 상황을 이겨내고 그 역할에 책임을 다하지 않으면 안 된다. 이때, 염두에 둘 것 세 가지가 있다.

첫째, 사람 문제다.

제일선의 관리자는 많은 업무를 부하에게 의존한다. 오늘날처럼 분업화가 극심해진 시대에는 특히 그렇다. 솔선수범하지 않으면서 "나를 따르라!"고 외쳐봐야 업무는 제대로 진행될 리 없다.

제일선의 관리자는 부하 개개인에게 그들의 임무를 완수하도록 유도하는 것이 중요하다. 이것이 바로 '동기부여'다, 부하에게 동기를 부여하지 못하는 관리자는 결코 성공할 수 없다.

둘째, 역할 인식의 문제다.

관리자가 "우리 업무는 회사에서 무척 중요하다"고 아무리 거듭 설교한다 하더라도 부하가 납득할 수 없다면 소용이 없다.

따라서 회사의 목표와 일이 구체적으로 어떤 관계이며 어떠한 의미를 지니는지 팀원 전체를 이해시켜야 한다. 그렇게 하지 않으면 팀원들은 일정이나 계획이 아무리 빡빡할지라도 전력투구하지 않는다.

셋째, 자만심의 문제다.

자신의 업무에 대한 이해가 깊을수록 업무의 경중을 안다. 그런데 그것을 있는 그대로 정당하게 받아들이면 다행이지만, 잘못 받아들이면 조직의 어떤 부분에 우쭐대고 싶은 심리에 취하게 된다.

제조, 구매, 판매, 간접부문 등의 종사자들이 서로 우쭐대거나 상대를 가볍게 보는 예는 조직 어디에서든 찾아볼 수 있다. 그런 자만심은 결국 조직에 심각한 문제를 야기한다.

제아무리 중요한 역할을 했다고 해도 팀 전원이 합심하여 올린 성과를 자기 성공으로만 돌린다면, 향후 조직 전체가 제대로 돌아갈 리 없다.

제일선의 관리자는 사람을 기능화하는 한편, 동기를 부여하여 임무를 완수하도록 지휘해야 하고, 자만심을 경계하는 부하를 육성하는 데 힘써야 한다.

작은 권한

분명 중요한 역할을 떠맡고 있건만 제일선 관리자의 권한은 사실 그리 크지 않다.

관리자는 결정, 변경, 재정 사항, 인원 보충, 감축 등등 수없이 많은 일을 해야 하고 많은 도장을 받지 않으면 안 된다. 하지만 밑으로 내려갈수록 인원이 적은 게 현실이다. 그러다 보니 좀 더 효율적으로 업무를 추진할 수 있는 방법이 눈에 보이더라도 손을 쓸수가 없는 실정이다. 게다가 별로 중요하지도 않은 회의에 갑자기 호출되거나 위에서 내려오는 산발적인 업무 지시에 시간을 허비해야 한다.

이러한 고민은 수많은 제일선 관리자에게 공통적인 것이다. 그럼에도 앞서 말한 '나는 경영의 제일선에 서 있다'는 사명감, 그 기본 자세 여하에 따라 얼마든지 요령을 가지고 처리할 수 있다.

부하는 명령으로만 움직이지 않는다

기계적으로, 강제적으로 업무 명령을 하면 되는 시대는 지났다.

관리자는 부하들에게 업무를 개개인의 특질과 경험을 고려하여 신중하게 배분해야 한다. 그래야 불만이 덜 생기고 일도 빨리 처리할 수 있다. 물론 그에 앞서 그 업무를 왜 해야 하고 얼마나 중요한 일인지, 그리고 자신의 회사생활에 어떤 보탬이 되는지 등등을 주지시키는 것이 필요하다.

다시 말하면, 명령을 내리는 것보다 먼저 동기부여를 하는 것이

더 중요하다고 하겠다.

부하에 대한 평가

특히나 하위 관리자에게는 직원들을 부리는 데 필요한 인사권이 거의 없다. 그러다 보니 부하의 노력이나 공적에 보답하려고 해도 딱히 해줄 수 있는 게 없다.

그럼에도 공식적으로 약간의 상벌을 가하는 일은 제일선 관리자의 권한이다. 이때 부하를 공정하게 평가해야 한다. 공정한 평가를 하지 않으면, 업무를 공정하게 할당하거나 효율적으로 수행하는 일이 불가능하다.

여기에서 말하는 '공정한 평가'는 상여금 등을 책정할 때나 승진할 때에 제일선 관리자의 의견이 반영되는 평가를 뜻하는 것이 아니다. 어디까지나 제일선 관리자가 실제로 업무를 계획하고 할당하여 명령하고 통제하기 위한 일상적인 평가다.

그런 측면에서 부하 직원은 다음 네 가지로 분류해보는 것이 효과적이다.

- 유능하며 쓸모 있는 부하 직원
- 유능하지만 쓸모없는 부하 직원
- 무능하지만 쓸모 있는 부하 직원
- 무능하며 쓸모없는 부하 직원

물론 이러한 평가가 고정관념으로 머릿속에 박혀 있어서는 안 된다. 이러한 평가는 업무의 종류나 여러 가지 조건에 따라 변화시킬 수 있어야 한다.

제일선 관리자는 어떻게 하면 부하들이 제대로 평가받을 수 있는 부하로 육성시킬지, 그 역할을 다해야 한다는 사실을 잊어서는 안 된다.

부하들과의 적절한 관계 유지

제일선 관리자로서 가장 어렵고 힘든 일은 적절히 부하들과 관계를 유지하는 일이다.

예컨대 직원들이 족구를 즐긴다면 자주는 아니더라도 가끔 같이 어울리는 것이 좋은데, 아무래도 나이 차가 있어서 다음 날 온몸이 쑤실 때도 있다. 하지만 그러한 무리도 감수해야만 한다. 또 그럴 만한 가치가 있다.

다만, 레크레이션을 더불어 한다고 해서 동료들만큼 친숙해져서는 곤란하다. 어느 정도 권위가 유지되는 가운데 절제 있는 친숙감이 필요한 것이다.

Chapter 6

리더는
생각하고 또 생각하라

리더는 늪에
빠진 해결사

영화 광팬이라면 1954년에 제작된 미국 영화 〈케인호의 반란〉을 알 것이다.

영화는, 전 함장 후임으로 부임한 새 함장의 소심함과 미숙함으로 인해 불만과 불안에 휩쌓였던 부하들이 결국 격전장에서 함장을 정신적인 불구자로 몰며 하극상을 일으킨 사건을 중심으로 펼쳐진다.

이 영화에는 다양한 인간 군상이 표출된다. 군법회의 석상에서 함대를 고수하는 강인한 신념을 불태웠던 피고인 부함장, 끝까지 자기 입장의 합리성을 주장했던 함장, 반란 선동자로서 권력을 부정하는 장교, 함장의 고충을 이해하면서도 함장을 궁지에 몰아넣는 변호사, 부함장과 한패가 되었던 젊은 장교 등등……. 영화는 이를 통해 사람과 사람의 고리를 연결하는 일이 얼마나 어려운 일인가를 보여준다.

우리 역시 사회생활을 하는 데에서 자주 이러한 상황에 직면하고 있다. 특히 많은 부하를 거느리고 있는 관리자에게는 마음이 통하지 않아 불통되는 것처럼 가슴 아픈 일도 없다.

누구나 타인에게 올바로 이해받고 싶다는 마음을 갖고 있다. 그러나 현실적으로 그것은 그저 희망 사항일 뿐이다. 특히 중간 관리자는 경영층에서부터 부하들에 이르기까지 교분을 나눠야 할 인간들은 수없이 많다. 그들 모두에게 올바로 이해받기란 대단히 힘든 일이다.

그럼에도 중간 관리자는 회사와 경영층에 충성을 다해야 하는 의무, 그리고 부하로 하여금 업무를 완수하게 할 책임을 갖고 있다. 그래서 관리자는 리더로서의 기능 이외에도 교양이나 경험에서 오는 인간적인 매력과 안정된 인간성이 요구되는 것이다.

관리자도 사람이다. 정확하게 이해하고 평가해줄 상사가 있을 때, 사명감 고취 속에서 보람도 느낄 수 있다. 그러나 책임만 추궁하고 의견을 묵살하고 아무런 격려도 없다면, 제아무리 건전한 정신의 소유자라도 떨어져 나갈 것이다. 그 사람이 유능하면 유능할수록 그러한 느낌은 더욱 클 것이다.

그러나 그러한 상황에 있다 하더라도 관리자에게는 자신을 따르는 부하들이 있다.

관리자의 고민은 이것만으로 끝나는 것이 아니다. 명랑한 직장 분위기 조성과 유지, 작업 능률 향상에 전심전력하며 부하의 인간적인 성장을 돕고 부서 기능을 완벽하게 발휘하게끔 하지 않으면 안 된다. 이를 원만히 해결하려면, 계속적인 사원 교육과 훈련 과정을 통해 자질 향상을 꾀하지 않으면 안 된다.

실로 관리자의 고민은 한도 끝도 없다. 그러한 고민을 해결하면서 상사로부터는 신뢰를, 부하로부터는 존경을 받아야 한다. 지조를 굽히지 않고 과감히 거친 파도를 헤쳐나가는 함장의 담력과 자신만만한 투지력이 오늘날 기업들이 요구하는 관리자상인 것이다.

관리자는 한 명의 이탈자나 낙오자가 없도록 고군분투해야 한다. 예리한 안목으로 팀원들을 관리하지 못한다면, 〈케인호의 반란〉과도 같은 추악한 조직으로 몰고가기 십상이다. 여기에 관리자의 근본적인 고민이 있다.

이러한 고민을 외면해서는 아무것도 이룰 수 없다. 정면으로 도전하여 고민의 사슬을 과감히 풀어야 한다. 그러자면 또 다른 고민이 따른다. 그럼에도 그 꼬리를 무는 고민의 늪으로 뛰어들어야 한다. 그것이 문제 해결의 길이다.

상하를 조화시키는
중간 리더

리더는 무엇을 어떻게 해야 할까? 그것을 알기 위해서는 무엇보다 자신의 위치를 굳건히 하지 않으면 안 된다. 물론 위치에 따라그 비중은 달라진다. 대체적으로 리더는 다음과 같은 사람이라고 규정할 수 있다.

- 리더는 직접 부하를 거느리고 있다.
- 리더는 부하의 행복을 이끌어주는 자다. 이것은 리더가 공적이면서 사적인 인간관계의 관리자임을 뜻한다.
- 리더는 작업의 책임자다.
- 리더는 무엇인가를 지배하고 있다. 이는 기업의 운명을 양어깨에 짊어지고 있음을 뜻한다.

• 리더는 상하관계를 잇는 매개체다.

리더, 곧 관리자는 보고와 커뮤니케이션의 담당자다. 이렇게 본다면, 관리자가 무엇을 어떻게 할 것인가가 분명해진다.

그러나 여기에서 한 가지 유의해야 한다. 옛날처럼 친분관계만으로는 경쟁에서 살아남을 수 없다.

오늘날 경영관리는 '기술＋과학적인 관리＋인간성'이라는 등식으로 이루어지지 않으면 안 된다.

• 기술적으로 빈약하면 지도 교육이 불가능하다. 이것은 너무도 당연한 일이다.
• 과학적인 관리는 어떤 문제에 대해서도 계획(표준 작업)을 세우고, 그것을 실시하여 통제하는 방법이어야 한다.

• 인간성에 호소하지 않는 한 부하의 감정을 사로잡을 수 없다.

세계적인 자동차 회사 포드의 사장이 사시(社是)를 전면 개편하기 위해 13만여 명의 부하 직원에게 앙케트를 낸 일이 있다. 그중에서 인간관계에 대한 질문에 다음과 같은 대답이 나왔다.

당신은 회사의 인사 방침을 알고 있습니까?
있다 → 25%, 없다 → 35%, 전혀 없다 → 40%
자신의 작업에 대해 관리자와 직접 이야기할 기회가 있습니까?
있다 → 50%, 약간 → 28%, 전혀 없다 → 22%

이러한 앙케트를 기반으로 인간관계를 고려한 조직 개편 단행은 유명한 이야기다. 이를 토대로 포드는 훌륭하게 회사를 재건할 수 있었다.

관리자의 관리 소홀은 작업을 엉망으로 만들고, 부하 직원들의 반감과 반항심을 불러일으켜 업무를 마비시킨다. 작업을 마비시킬 정도의 불만은 무엇일까?

• 사소한 과실도 계속 씹어댄다.
• 동료들의 면전에서 서슴지 않고 창피를 준다.
• 사람을 바보 취급한다.
• 동료들은 게을러도 못 본 체하면서 유독 자신만 닦달한다.
• 사람을 거칠게 다룬다.

- 성급하며 기분 내키는 대로 호령한다.
- 부하와 의견 대립으로 언제나 화가 나 있다.
- 지나치게 자유를 속박하며 매사 간섭하려 한다.
- 무엇이든지 일방적이며 독선적이다.
- 남의 기분을 전혀 이해해주지 않는다.
- 먼저 이야기를 걸어도 상대하지 않는다.
- 심한 야유를 한다.
- 새로 맞춘 양복을 입고 출근하면 제비족이라고 빈정거린다.
- 상사의 과실이나 책임을 대신 떠넘긴다.

관리자들과 부하 직원들의 불평불만의 소리가 부서 기능을 둔화시킨다. 이것을 바로잡아 업무의 활력소를 조장하는 것이 교육이며 지도다. 그 몫이 상하를 조화시키는 중간 리더에게 있다.

부하 경영의 원칙

관리자의 주임무는 계획에 따라 팀원들에게 지시하고, 그것이 실시되었는지를 철저히 감독하는 것이다. 자기 부서에 주어진 임무를 수행하기 위해 부하의 능력을 충분히 활용한다는 것은 관리자로서 가장 중요한 업무라 할 수 있다.

누구나 사회에 더욱 많이 봉사하며 남에게 도움이 되었으면 하고 생각한다. 관리자는 부하가 기분 좋게 그 능력을 충분히 발휘할 수 있도록 도와주면 되는 것이다.

관리자의 방침에 일관성이 없고, 허점이 많고, 훌륭한 의견을 충분히 수용하지 않고, 부하에게 불쾌감을 준다면 의욕이 저하되는 것은 당연하다. 이것은 관리자에게 크나큰 마이너스가 될 뿐 아니라 부하에게도 다시 없는 불행이다. 큰 틀에서 사회적으로도 큰 손실임은 말할 것도 없다.

방침은 분명히

관리자가 내리는 명령에 일관성이 없고 번번히 뒤틀린다면, 부하는 어떻게 해야 좋을지 몰라 우왕좌왕하게 마련이다. 이러한 일이 잦게 되면 부하는 관리자의 말을 신용하지 않는다.

한편, 부하에게는 직속상사의 이념과 그 위 상사의 이념이 크게 다른 것도 크나큰 혼란의 이유가 된다. 물론 관리자가 자기 상사와 의견 일치를 보지 못할 경우에 있을 수 있는 일이지만, 그럴 때는 상사와 미리 의견 조율을 충분히 해두는 것이 좋다.

관리자는 일관된 방침을 정해 이를 부하에게 철저히 하달해야 하며, 변경되었을 경우에는 신속히 수정, 통보해야 한다.

부하는 관리자의 명령에 따라 작업을 하는 존재다. 따라서 관리자는 부하가 해야 하는 일과 해서는 안 될 일을 분명하게 가이드해주어야 한다. 그리고 일단 허락한 것은 그대로 실천할 수 있도록 유도하면 된다.

부하 스스로가 생각하도록 유도한다

'사람이란 근본적으로 게으른 존재'라고 생각하는가? 그렇게 생각한다면 큰 오판이다.

사회에 공헌하며 인정받기를 좋아하는 동물이 바로 사람이다.

이런 속성을 염두에 두고 부하의 장점을 적극적으로 찾아 키워주어야 한다. 명령할 때 처음부터 치밀하게 결정하여 일관성을 유지해야 한다. 처음 결정과 다르게 방침이 바뀌었을 때, 덮어놓고 잔소리부터 늘어놓는 것은 그릇된 방법이다.

목표와 방침을 분명히 정해놓고, 부하에게 구체적인 안을 주도적으로 짜게 한 다음, 그것을 수정하고 주의사항을 곁들여 맡기는 식으로 가야 한다. 부하에게 방침이나 필요한 사항조차도 하달하지 않고 맡기는 것은 부하에게 머리를 짜낼 수 있는 기회를 박탈하는 것과 같다.

원칙적으로 부하가 판단할 수 있는 여지를 남겨두어야 한다. 그럴 때 부하는 관리자에게 적극적으로 협력한다.

부하의 재능을 깨워준다

부하의 적성과 소질을 항상 연구하여 그 장점을 길러주는 '친절한 마음'이 관리자에게는 필요하다. 현재 발휘할 수 있는 재능과 잠자고 있는 재능을 깨워 발휘할 수 있게 하는 것이 부하를 진실로 위하는 길이다.

물론 개성을 무시하고 어떤 틀에 끼워넣어서는 안 된다. 부하의 개성을 길러주고 항상 장점을 발휘할 수 있도록 교육시켜야 한다.

부하를 육성한다는 것은 장기적으로 관리자에게는 물론 기업에도 분명 플러스가 될 것이다. 후배를 육성한다는 것은 관리자의 당연한 의무다.

칭찬을 아끼지 마라

부하의 장점을 키우고 그의 자발적인 협력을 유도하기 위해서는 칭찬이 필수다. 사람이란 타인으로부터 인정받고 싶다는 욕망을 갖고 있기 때문이다. 특히 젊거나 유능하거나 업무에 대해 강력한 의욕을 갖고 있는 사람일수록 이러한 경향이 강하다.

지나친 질책으로 실패하는 일은 있지만, 칭찬 때문에 실패하는 일은 결코 없다. 따라서 부하가 훌륭한 제안을 하거나 업무처리를 제대로 했을 때 서슴없이 칭찬해주어야 한다. 그러기 위해서는 칭찬할 소재를 끊임없이 찾아야 한다. 자신이 깨닫지 못하고 지나친 일을 상사가 찾아 칭찬해준다면, 부하는 자신에게 관심을 가져준 점에 감격하여 더 신명나게 일할 것이다.

아무리 노력해도 타인에게 인정받지 못한다는 것은 슬픈 일이다. 그러므로 잘한 일에 대해서는 아낌없이 칭찬을 해주어야 한다. 이는 조직의 역량과 직결된다.

무조건 꾸짖는 것은 금물

질책은 될 수 있는 대로 피하는 것이 좋다. 꾸짖지 말고, 부하의 말을 귀담아 들은 다음 주의를 주어야 할 것은 주의를 주고 납득케 하면 그것으로 충분하다.

갑자기 목소리를 높여 질책하면, 부하는 말하고 싶었던 것도 말하지 못하고 그저 형식적으로 대응하는 태도를 보인다. 결국 속으로 불만이 쌓이게 되어 관리자의 말이 끝나기만을 기다리는 우를 범하게 된다. 게다가 관리자 쪽에 잘못이 있었을 경우에는 엉뚱한 결과를 초래하게 된다.

질책 대신 칭찬을 통해 부하를 지도하고 육성해야 한다. 그러나 질책이 필요할 때에는 분명히 핵심을 꼬집어 꾸짖고, 그다음 원상태의 관계로 돌려야 한다. 아무 말도 하지 않고 분위기를 싸늘하게 만든다거나 계속 잔소리를 하게 되면, 부하는 마음의 문을 꼭꼭 닫고 반감만 키울 것이다. 그러면 진실된 충고에도 귀를 기울이려고 하지 않을 것이다.

문제 발생 시 냉정할 것

부하가 감정적으로 반항할 경우, 관리자 자신까지도 덩달아 흥분하는 것은 반드시 피해야 한다.

부하의 말을 꼼꼼하게 듣고 반항하는 원인을 생각한 다음, 일단 자기의 생각을 말하라. 그래도 제대로 안 먹힐 때에는 일단 말을 중단하고, 부하에게 시간을 주어야 한다. 그릇된 점을 충분히 납득시킬 만한 여유가 없다면, 관리자로서 자격이 없다.

관리자는 부하를 지도하고 교육할 입장에 있기 때문에 늘 여유 있게 대처할 수 있어야 한다.

정에 이끌리지 마라

흔히 '비즈니스에서 정은 금물이다'라는 말을 많이 한다. 아주

야박한 말이다. 그러나 냉혹한 오늘날의 사회에서는 어쩔 수 없음을 인정해야 한다.

부하의 입장이나 감정을 무시하는 것은 결코 바람직하지 않다. 부하의 말을 잘 들어주고 상담에 응하는 태도가 물론 필요하다. 그러나 그 어떤 경우라도 정을 앞세워서는 안 된다. 우선 냉정하게 이성적으로 판단하고 개선할 부분을 지적해야 한다.

부하와의 정을 고려하여 일을 대충 처리하면 결국 부하에게 마이너스가 된다. 그러면 부하의 가족에게까지 상처를 주고 나아가 회사에도 손해를 주는 꼴이 된다.

공평무사할 것

어떤 사람에게 좋거나 싫은 감정이 생기는 것은 어쩔 수 없는 일이지만, 그 사적인 감정에 의해 부하에게 차별감을 주면 안 된다. 그런 불공평한 처사는 부하들 사이에 편파감을 싹트게 함으로써 팀의 융화를 깨뜨리는 결과를 초래할 것이고 결국 크나큰 마이너스가 될 것이다.

부하들에게는 항상 공평무사해야 한다. 이를 위해 관리자는 늘 공평성을 기하기 위한 노력을 기울여야 한다.

나의 표정이 사무실 분위기

관리자가 공연히 초조해하거나 음산한 얼굴을 하고 있는 사무실은 활기가 없는 공간이 되지만, 언제나 밝고 명랑한 관리자가 있는 사무실은 부하들도 밝고 명랑한 얼굴로 일할 수 있는 활기찬 공간이 된다.

밝고 명랑한 분위기에서는 업무력도 향상된다. 팀워크도 원만하게 이루어진다.

밝은 분위기를 유지하기 위해서는 관리자 스스로가 근면해야 하며, 사생활에서도 부하의 모범이 되어야 하고, 심신을 건강하게 유지해야 한다.

활기찬 사무실은 곧 관리자 자신의 얼굴을 대변하는 장소임을 명심하라.

부하의 비판은 정확하다

관리자가 부하의 신뢰를 얻으려면, 부하의 말에 귀를 기울여야 한다.

수많은 부하의 비판은 의외로 공평하고 정확하다. 상사의 평판에 신경을 쓰는 것도 중요하지만, 그에 못지않게 부하의 평판에 귀 기울일 수 있어야 한다.

아무리 유능한 관리자라도 부하관리를 잘한다는 것은 쉬운 일이 아니다. 이 문제는 회사생활을 걸고 치열하게 고민해야 한다.

문제 있는
부하의 관리

부하의 업무상 불평불만, 또는 개인적인 걱정거리를 관리자의 입장에서 들어주고 상담에 응하는 일은 대단히 중요하다.

가정의 걱정거리나 상사, 동료에 대한 불평불만 때문에 일을 제대로 처리하지 못하는 것은 조직에게 큰 손해다. 여러 가지 일로 일할 의욕을 상실한 문제 직원의 관리는 의외로 소홀하기가 쉬운데, 흔히 관리자 스스로도 업무 외적인 일이라고 하찮게 생각하기가 쉽다.

분명 문제가 있는 부하를 둔 관리자는 불행하다. 그러나 그러한 부하를 올바르게 관리하지 못하는 관리자는 더더욱 불행하다.

이제 문제 있는 부하들을 어떻게 관리할 것인지를 생각해보자.

• 관계를 돈독하게

회식자리를 마련하여, 술잔을 권하며 편안한 분위기를 연출함으로써 모든 것을 털어놓고 싶은 마음이 생겨나도록 하는 것이 중요하다.

• 부하의 말에 맞장구칠 것

대화를 하기 시작하면 때때로 고개를 끄덕이거나 마음을 활짝 열어놓고 너스레를 떨 수 있도록 편안한 마음이 되게 한다. 예컨대 "음", "그렇지", "그렇구 말구", "알지" 등등의 말로 맞장구쳐주며 마음을 열 수 있게 한다.

• 부하의 입장에서 말을 들을 것

상대가 이야기할 때, 그대로 들어줄 뿐 일일이 트집을 잡아서는 안 된다. 전적으로 부하의 입장에 서서 경청해야 한다.

• 인정할 것

상대의 입장이 되어 말하는 그대로를 인정한다. 그리고 아주 사소한 일이라도 진심을 기울여 관심을 보이는 태도를 취한다.

• 격려하라

상대가 말하기를 꺼리거나 이야기 도중 비관하여 말을 멈출 때, 원기왕성하게 이야기할 수 있도록 열린 분위기를 유도한다.

• 사내 동향을 말해주어라

오해하여 비관하고 있을 때, 가급적이면 사적인 의견을 피하고 필요한 사내 전체의 동향을 말해주며 설득시킨다.

• 기분을 달래줄 것

사실 이것은 가장 어려운 기술인데, 무엇보다 상대의 심정을 헤아리는 것이 중요하다. 상대가 자기 기분이나 감정을 적당한 말로 표현하지 못하면, "말하려는 것이 이러이러한 것이 아니냐"고 짚어준다. 그러면 상대는 자기 말을 진심으로 관심 있게 들어준다는 것을 믿게 될 것이다. 그런 다음 가볍게 생각하라거나 별 게 아니라고 말하며 상대의 기분을 밝고 명랑하게 만들어준다.

• 자기 느낌을 강요하지 말 것

상대가 생각하고 있는 것이 아무래도 납득되지 않는다 하더라도 자기 생각이나 느낌을 강요해서는 안 된다.

• 비판하지 말 것

상대의 말이 그릇되었을지라도 중도에서 가로막거나 말머리를 돌려 꼬투리를 잡지 말고 끝까지 들어준다.

• 비밀을 지킬 것

상담한 것은 어떤 일이 있어도 다른 곳에 누설해서는 안 된다.

이러한 부하관리 요령을 숙지하고, 부하가 상담을 요청할 때에는 다음과 같이 대처하여 공통분모를 찾도록 노력해야 한다.

• 초점은 사람이지 문제가 아니다. 개인을 도와 현재와 장래 문제까지도 충분히 대처할 수 있도록 한다.
• 전문 상담원으로서 피상담자를 대상적으로 바라보는 것이 아니라, 어디까지나 한 인간으로서 상대방의 인격을 존중하는 것이 중요하다.
• 될 수 있는 한 인간적으로 상대방의 기분을 수용하도록 한다.

- 문제 해결의 책임은 어디까지나 피상담자다. 그러나 상담을 할 때는 문제 해결을 상담원에게 책임 지우려는 경향이 있으므로, 상사는 알지 못하는 사이에 문제 해결의 책임을 지게 되므로 세심한 주의가 필요하다.
- 상대가 원할 때마다 상담에 응하지 말고 주 1회, 1시간을 원칙으로 한다.
- 당연히 자유로운 분위기에서 진행되어야 하는데, 난폭해지거나 격앙된 경우에는 즉각 중단한다.

상담할 때, 문제 사원이라고 해서 등한시하거나 죄인 취급을 하면 그를 영원히 잃게 된다는 것을 의식하고 임해야 한다.

특히 노동 현장에서 단순노동을 하는 사원들은 하루종일 작업을 통해 신경이 날카로워져 있으므로, 특히 유의하여 인간적으로 다루는 요령을 체득해야 한다.

능숙한 기능공이건 아니건 간에 자기 부하이므로, 세심한 마음으로 낙오자가 되지 않도록 지도 육성하는 것이 관리자의 역할임을 잊지 말자.

조직에서의
자제심

요즘 신세대는 몹시 충동적이다. 자기 충동대로 행동하는 것이 신세대의 특권인 것처럼 생각하고 있다. 그래서 상사로부터 자제력을 기르라는 말을 들으면, 반발심부터 세운다.

자제력은 자신의 행동을 합리화하기 위한 가장 중요한 요소다. 그러나 요즘 신세대들에게는 이 자제력이 제대로 실행되지 못하고 있다. 이는 어려서부터 자제력을 키우는 교육을 받지 못했기 때문이다. 신세대들은 충동이 일어나는 대로 행동하는 것이 젊은 이다운 것이라고까지 생각한다.

자기 욕망대로 행동한다는 것은 대단한 에너지 낭비다. 더구나 자기 자신의 욕망을 진실로 충족할 수 없다. 또한 대외적으로는 문제를 일으키기 쉬운 존재로 취급되어 좋은 인간관계를 구축할 수 없다.

사회생활을 영위함에서 인간관계는 가장 중요한 것이다. 따라서 '사람'을 떠나서는 사회생활을 할 수 없다는 사실을 무엇보다도 뼈저리게 각성해야 한다. 이를 바탕으로 모든 면에서 자제심 발휘가 어떻게 가능하며, 어떻게 해야 플러스가 되는지를 깨달아야 한다.

사람이 욕망대로 충동적으로 행동한다면, 그야말로 사회는 무법천지가 될 것이다.

관리자는 그들의 심리 상태를 파악하여, 적절히 교육하는 프로그램으로 새로운 사회적 인간으로의 탄생을 꾀할 수 있어야 한다.

자제력이 있어야 인정받는다

자제심이 없으면 인정받지 못한다.

M상사 총무과에 근무하는 K와 D의 예를 살펴보자.

K는 충동적인 데 반해 D는 자제심의 소유자다. 두 사람의 행동 차이가 업무 성과에서도 그대로 나타난다.

K는 충동적이기 때문에 업무 태도도 기분 내키는 대로 한다. 간혹 열중하기도 하지만 집중 시간은 그리 길지 못하다. 피로해지거나 업무 처리에 재미를 느끼지 못하면, 그러한 감정을 강력하게 억제하지 못하기 때문에 업무 능력이 저하되고 그저 적당히 업무를 얼버무린다. 매너리즘에 빠져 전력투구하거나 창의력을 발휘하여 업무를 개선하려는 의욕을 찾아볼 수 없다. K는 어느 사이엔

가 직장에서 별로 환영받지 못하는 사원으로 전락했다.

업무에서 어떤 기쁨도 발견하지 못하는 K는 업무의 스트레스를 풀려고 갖가지 자극을 찾는다. 밤새워 고스톱판을 벌이거나 술집, 노래방을 전전하며 스트레스를 푸는 것이 습관화되었다. 술에 취하여 귀가하면 집에서도 환영할 사람은 아무도 없다. 다음 날 아침에는 몽롱한 상태에서 출근하고, 다시 절도가 없는 업무를 되풀이하며 시간 때우기에만 급급하다.

D 역시 업무에 시달리다 보면 피로가 쌓여 재미를 느끼지 못하게 되는 일이 있다. 그러나 그럴 때마다 D는 자기의 기분을 억제할 줄 안다. 지쳤을 때, 그는 화장실에 가서 얼굴을 씻거나 가볍게 맨손체조를 함으로써 기분을 전환하여 활력을 되찾는다. 그렇게 새로운 기분으로 업무를 계속한다.

D는 어려운 문제에 부딪히더라도 자제심을 발휘한다. 나태에 결코 굴복하지 않고, 어떻게 하면 문제를 해결할 수 있을 것인가를 계속 고민한다. 그래서 매너리즘에 빠져 똑같은 일을 되풀이하는 K와는 달리 끊임없이 발전해 나아간다.

마침내 D는 끈기 있는 근성을 무기로 M상사에서 주목받는 존재가 되었고, 장래가 촉망되는 엘리트 사원이 되었다.

자제하면 만족도가 높아진다

K와 D의 생활을 비교할 때 두 사람은 쉬고 싶다, 놀고 싶다는 생리적 1차 욕구에 대해 각각 다른 태도를 보이고 있다.

K의 방법은 생리적인 욕구를 다만 충동적으로 충족하려고 하는 데 지나지 않는다. 업무가 싫어지면 적당히 쉴 곳을 찾는다. 이러한 근무 태도는 업무가 끝나고 본격적으로 생활을 즐기려 할 때 건전한 여가를 누리지 못한다.

K의 마음에는 업무를 잘 완수했다는 충만감이 없고, 또한 업무에서의 기쁨이 없다. 업무를 통해 능력을 신장시킬 수 없다는 불안감이 마음 한구석에 자리하고 있을 뿐이다.

이 불안감을 해소하는 데는 강력한 자극이 필요하다. 그래서 K는 고스톱판이며 술로 마음의 스트레스를 풀지 않으면 안 된다.

그러나 이러한 과도한 유흥은 결코 건전한 생리적인 욕구를 충족하기 위한 방법이 아니다. 밤새워 논 다음에는 언제나 피로, 불안감, 초조, 비애가 따르게 마련이다. 그때그때 일어나는 생리적인 욕구를 충동적으로 만족시키고 있는 K의 생활 습관은 그저 마이너스가 되고 있는 것이다.

이에 비해 D의 생리적인 욕구 충족 방법은 대단히 합리적이며 훌륭하다. D는 업무 처리를 하고 있을 때 일어나는 생리적인 욕구를 훌륭히 제어하고 있다. 그러므로 일을 통해 마음껏 능력을 발휘하고, 업무가 끝났을 때의 만족감도 크다.

일단 업무가 끝나면 해방감이 남달리 크다. 동료들과 어울려 호프집에서 맥주를 마시며 마음껏 자유를 즐긴다. 집으로 향하는 발걸음도 한결 가볍다.

D의 유흥에는 특별한 자극이 필요없으며, 언제나 느긋한 기분으로 여가를 즐길 수 있고, 내일을 위해 업무에 관한 계획도 즐겁

게 구상할 수 있다.

인간의 제2차적인 욕구, 즉 안전 욕구에 대해서도 K와 D의 태도는 완전히 다르다. 안전 욕구는 월급쟁이의 경우 직장에서의 지위가 안정되기를 바라는, 그 누구에게나 위협받지 않으려는 욕구다. 이것이 나쁘게 표출되었을 경우, 힘든 일은 피하겠다는 욕구로도 발전된다.

K의 경우, 그때마다 일어나는 괴롭고 힘든 일을 피하고 싶다는 생각에 업무가 따분해지면 일을 팽개치거나 애써 힘든 업무를 피해 쉽고 편한 업무만 하려고 한다.

이러한 K의 태도가 상사에게 알려지지 않을 리 없다. K는 힘든 직업이나 업무는 어떻게든 회피하려 든다. K는 소극적이며 의욕이 없는 인물로 낙인 찍혀 직장에서 없어도 될 존재가 되었다. 당연히 K의 지위는 지극히 불안정하다. 인사이동이 있을 때면 언제 어디로 보내질지 몰라 불안할 수밖에 없다.

D의 경우는 완전히 정반대다. D는 업무가 힘들고 괴롭더라도 자제심으로 괴로움을 극복하며, 또한 벅차고 까다로운 업무라도 피하지 않고 과감히 부딪친다.

D는 일상생활에서 일어나는 작은 안전 욕구를 자제심으로 훌륭히 극복하여 충족감을 생산한다. 그 결과, 자아 실현과 더불어 직장에서 없어서는 안 될 귀중한 존재로 부상한다.

충동을 과감하게 떨쳐내라

앞의 예에서 보듯이, 충동적인 욕구를 자제하는 것이 오히려 자기 욕구를 훌륭히 충족시키는 지름길임을 알 수 있다.

자제심은 생활을 합리적으로 또 즐겁게 하기 위한 핵심 요소다. 바로 직장인 행복의 필수 요소인 것이다. 그러므로 행복해지려면 자제심을 강화하여 그것을 기르는 데 전념해야 한다.

물론 현실은 이와는 정반대다. 자제심이 이토록 중요하다는 사실을 조금도 이해하지 못하고 오히려 충동대로 행동하는 쪽이 합리적이며 이득이라고 생각하는 것이다.

이것은 자신의 충동을 억제하는 것이 고통이며 아주 어렵다고 생각하는 데 그 원인이 있다. 하지만 이것은 피상적인 생각에 불과하다.

"자신의 충동을 억제하는 것은 결코 어려운 일이 아니다. 그것은 손가락으로 창호지 문을 뚫어버릴 정도의 노력이면 충분하다."

이것은 사회인으로서 수많은 경험을 통해 확인된 진리의 말이다.

일이 따분하다, 영화 구경이나 가고 싶다, 맛있는 것이나 먹고 싶다, 졸려서 자고 싶다, 추워서 일어나기 싫다, 회사 다니는 것이 지겨워졌다 등등 일상생활을 꾸려가자면 여러 가지 충동에 사로잡힌다.

이러한 충동을 억제하는 데는 사실 큰 노력이 필요없다. 충동을 냉철한 이성으로 뒤돌아다보고 내몰면 되는 것이다. 일단 마음속에서 내몰면 충동에 사로잡히지 않게 된다. 이를 자제하려는 결심이 서면 더 간단히 억제할 수 있다.

그러나 자제심이 없는 사람은 충동이 일었을 때, 냉정히 판단하지 못해 그 충동의 노예가 되어버린다. 이렇게 충동과 한 덩어리가 되면 욕구는 걷잡을 수 없을 만큼 억제하기가 어렵다.

충동에 사로잡히지 않으려면, 이를 분명하게 몰아내며 냉정하게 사물을 바라보는 훈련을 해야 한다. 그러면 자제심이 강화될 것이다.

나를 이겨야 모두 이긴다

사람은 타인을 이기는 데만 관심을 쏟는다. 그래서 자신보다 우수한 사람과 비교한다.

자기보다 우수한 사람과 비교하다 보면, 때때로 그 사람을 뒤쫓을 수 없다는 자괴감에 즉시 의욕 상실자가 된다. 이 절망의 충격에서 벗어나게 하는 것이 바로 자제심이다.

아무리 우수한 능력을 지닌 사람이라도 처음부터 우수한 능력을 가지고 태어나는 것은 아니다. 역시 그 나름의 노력을 기울인 결과 현재 같은 능력을 지닐 수 있게 된 것이다.

그들은 어떻게 지금과 같은 능력을 갖게 되었는지, 그 노력의 과정을 살피며 자기 자신도 그러한 노력을 따라 하는 것이 중요하다.

이것은 그리 쉬운 일이 아니다. 눈앞에 우수한 사람이 있는 것만으로도 자기 자신도 그와 같이 훌륭하게 될 수 있다는 성급한 유혹에 사로잡히는 게 인지상정이다. 이러한 성급한 마음을 억제하고 어려운 일을 완수하려고 할 때 자제심이 필요한 것이다.

강력한 자제심으로 충동을 억제하며 계속적인 노력을 할 때, 그를 따라잡을 수 있을 것이다. 다만, 남을 따라잡는 것에서부터 시작하는 것이 아니라 자기 마음속에 있는 충동을 이겨내는 것부터 시작하지 않으면 안 된다.

우리는 항상 바깥쪽에만 눈을 빼앗겨 자기 마음속의 충동을 소홀히 여긴다. 자제심을 가동시킬 때 언제나 그 대상이 되는 것은 자기 마음속에 있는 충동이다.

영업사원이 문전에서 감히 벨을 누르지 못한다. 결심이 서지 않아 집 앞을 이리저리 배회할 뿐 도무지 벨을 눌러 주인을 불러내지 못한다. 말로는 주인의 거절이 두려워 그렇다곤 하지만, 사실은 그럴 때 받을 충격이 두려운 것이다. 충격이 두렵다는 생각(마음속의 충격)을 억제할 수 없기 때문에 벨을 누르지 못하는 것이다.

만약 이러한 충격을 감당하고 자제할 수 있는 결심만 선다면, 벨을 누를 수 있다. 그러면 열변을 토하며 세일즈도 할 수 있다.

나약한 자신을 이기는 것이 곧 승리의 길이다.

교육으로 자제력을 키운다

일상 업무를 통해 자제심을 기르기 위해서는 자신을 버리고 대처하는 훈련이 무엇보다 중요하다. 적당히 하겠다는 충동이 있는 한 자제심은 길러지지 않는다.

광고대행사에서 일하는 O대리는 광고 담당 과장과 성격이 맞지 않기 때문에 언제나 원수 같은 관계였다. 이 때문에 늘 광고 문제를 매듭 짓지 못해 부장에게 질책을 받아야 했다.

상대는 큰 광고주였으므로 부장의 질책은 질책대로, 담당자는 담당자대로 의견 일치를 보지 못해 궁지에 몰렸다.

O대리는 고민을 거듭한 끝에 과감히 담판을 짓겠다는 배짱으로 대처하였는데, 의외로 이야기가 순조롭게 풀렸다. 그것으로 모든 일이 해결된 것은 아니었으나, 서로의 나쁜 감정을 버리고 흉금을 털어놓자 교섭은 순조롭게 풀렸다.

사람은 막다른 길에 몰리게 되면, 의외로 배짱이 생기며 이제까지 참아내지 못했던 일도 견딜 수 있다. 그러한 체험을 통해 자제심이 강화되는 것이다.

부하 직원의 자제심을 강화하려면, 부하에게 업무상 자극을 강력하게 주어보아라. 부하를 막다른 코너까지 몰아붙여, 자제심을 강화하지 않으면 안 되겠구나 하는 것을 깨닫게 하는 교육이 무엇보다도 효과적이다.

프랑스의 침대 전문 회사 영업사원 훈련법은 이러한 방법을 아주 잘 활용하고 있다.

이 회사는 신입사원들을 훈련시킬 때, 트럭에 그들을 싣고 임의의 마을을 방문한다. 마을에 이르면 100미터 지점마다 사원 한 사람씩 내려놓는다. 트럭에서 내린 영업사원은 그 부근 주택가를 샅샅이 누벼야 한다. 그리고 한 집당 최소한 10분간 끈질기게 설득해야 한다. 고객에게 환영받지 못할지라도 10분간 무조건 세일즈하지 않으면 안 된다.

이 혹독한 훈련법을 주도하는 장본인은 "제아무리 무능한 영업사원이라도 내게 걸리면 우수한 영업사원으로 탈바꿈시킬 수 있다"고 호언장담한다.

그만큼 가혹한 훈련 방법이지만, 그 담당자의 이야기를 듣고 있노라면, 어떤 영업사원이라도 맨손으로 회사에 돌아올 수 없게 된다.

고통과 인내가 자제력을 강화시킨다

D생명의 교육연수원장은 영업사원 교육을 위해 추운 겨울날 냉수욕 전신자극 훈련을 되풀이한다.

뼛속까지 파고드는 냉기를 이겨내기 위해서는 온몸을 긴장시키지 않으면 안 된다. 이러한 훈련은 자연히 자제심을 강화시킨다. 냉수욕법을 통해 회사는 평소보다 두 배 이상의 실적을 거둘 수 있었다고 말한다.

이처럼 강력한 충격으로 사원의 정신을 일깨우는 것이 사원의 자제심 강화에 한몫한다. 이는 곧 현장에서 그 어떤 충격에도 견디며 결국 크나큰 성과를 가져온다. 이러한 간접적인 충격 훈련법으로 사원들의 의욕을 고취시켜 성과를 유도하는 것이다.

어떤 은행에서는 신입 행원 연수 때, 꼭두새벽에 높은 산을 오르게 하고 정상에 오르면 다시 뛰어내려오게 한다. 그런 과정을 통해 자제심을 기르게 한다.

동시에 세상의 치열함을 피부로 깨닫게 한다. 이러한 실천 교육을 통해 자제심을 강화시킨다.

훈련을 받고 회사로 복귀한 사원들의 업무 태도는 확실히 적극적으로 변한다.

사람은 목표가 주어지면, 뜨거운 열의에 불타올라 업무를 훌륭히 수행할 수 있다.

열정의 불길을 받아 타오르지 않고는 견딜 수 없다. 그때부터 일은 시작되는 것이다.

신념을
불태워라

매코믹사의 찰스 매코믹은 다수경영방식을 처음으로 실시하여 기업을 위기에서 구출했다.

찰스 매코믹은 청년임원회 제도를 최초로 실시했던 인물인데, 이 제도로 크나큰 성과를 거두어 오늘날 매코믹사의 번영을 이룩했다. 이 청년임원회 제도를 그대로 답습한 회사는 많으나 매코믹사처럼 눈부신 업적을 이룬 회사는 적다. 대개 중도에서 중단해버렸기 때문이다.

매코믹사가 청년임원회 제도를 시작했을 때에는 표본으로 삼을 만한 예가 없었다. 당연히 그에 관한 규칙이나 제도가 완전히 확립되어 있지 않았다. 그럼에도 그들은 훌륭하게 성공할 수 있었다.

그러나 매코믹사를 벤치마킹했던 다른 기업들의 경우, 참고할 만한 사례도 많고 규칙, 제도가 충분히 정비되어 있었음에도 모두가 성공을 거두지 못했다.

왜일까? 그 의문은 현대 경영에 관한 여러 가지 경영방식의 도입에서도 공통적으로 반복된다. 권한 위임, 제안제도, 목표관리제도, 소수정예주의, ZD운동 등 수많은 경영방식이 다발적으로 도입하고 있으나 대다수가 신통치 않다. 다시 왜 그런가? 왜 매코믹사처럼 성공하지 못하는가? 그 이유는 신념이 결여되었기 때문이다.

신념을 굳건하게

매코믹사는 1889년 위로비 매코믹에 의해 창립되었다. 위로비는 하나뿐인 작업장에서 두 명의 고용인과 함께 향료와 식용유 제조를 시작했다. 그는 '최상의 물품을 만들어라. 그러면 반드시 살 사람이 있을 것'이라는 경영이념을 세웠다. 그 경영이념에 따라 매코믹사는 번영일로를 달렸고, 1928년에는 연간 500만 달러의 판매실적을 올렸다.

그러나 매코믹사에는 한계가 있었다. 위로비에게는 치명적인 단점이 있었는데, 바로 독재자 스타일이었다는 것이다. 고용인이 업무상 의견을 제시하면, "넌 시키는 대로 열심히만 하면 돼. 방침은 내가 결정한다"고 하면서 그 누구의 의견도 들으려 하질 않았다. 그는 하루에 세 번, 반드시 공장 안을 돌면서 모두가 열심히 일하고 있는지 눈으로 확인하며 일일이 참견을 했다.

찰스 매코믹은 위로비의 조카였다. 위로비에게는 아이가 없었기 때문에 찰스를 후계자로 일찌감치 낙점했다. 학교를 졸업하자 위로비는 자기 회사에 그를 입사시켜 사내의 모든 업무를 경험하게 했다.

찰스는 1919년부터 18년간 잔심부름, 직공, 사무, 영업 등등 모든 일을 경험했다. 그러는 동안 그는 경영상 개선해야 할 점을 여러 가지 발견하여 숙부에게 진언했으나 독재자 위로비의 반대로 무엇 하나 제대로 개선하지 못했다.

1932년, 매코믹사는 빚을 얻지 않으면 안 될 정도로 어려움에 직면했고, 그런 와중에 위로비가 급사했다.

숙부의 급사 후 찰스는 사장으로 선임되었고, 그는 처음으로 장기간 가슴에 담고 있던 다수경영주의를 실천에 옮기게 되었다.

그는 전 종업원을 모아놓고 폭탄선언을 했다.

"앞으로 노동 시간을 한 주 56시간에서 45시간으로 단축하며, 임금 1퍼센트를 인상한다."

그런 과감한 시책을 성공시키려면, 전 종업원의 노력에 기대는 수밖에 없었다. 그는 "생산을 증대하고 원가를 절감하고 소비자가격을 떨어뜨려 매출신장을 꾀하지 않으면 안 된다"고 전 종업원에게 협력해줄 것을 요청했다.

또한 젊은 사원 중 건설적인 의견을 갖고 있는 사람을 선정하여, 회사 발전 방안을 협의하는 청년이사회제도를 발족시켰다.

물론 청년이사회에서 결정된 것이 그대로 실천으로 옮겨진 것은 아니었다. 거기에서 결정된 것은 정식 이사회에 상정되어 이사회에서 결정된 것만이 실행되었다.

청년이사회는 이사회의 보조기관에 불과했으나 크나큰 성과를 올려 회사 발전에 크게 기여했다. 굳건한 신념의 결과물이었다.

체제 정비가 최우선

다수경영은 찰스가 숙부 밑에서 18년간 일하며 축적한 신념의 결과물이었다. 그러한 신념 때문에 성공할 수 있었던 것이다.

어떤 분야든 창시자는 찰스처럼 무언가 새로운 것을 실시하는 데 남다른 생각을 갖고 있다. 더구나 그것을 실시할 때에는 반드시 성공하고 말겠다는 기백을 갖고 덤벼든다. 그러한 기백이 부하들을 움직이고, 일을 성공으로 이끄는 힘이 된다.

하지만 새로운 경영방식을 그저 흉내낸 사람들은 창시자의 그런 기백이 결정적으로 결여되어 있다. 타인이 이룩한 결과만을 보고 자기도 그런 식으로 할 수 있다는 달콤한 꿈만 있는 것이다. 그런 마인드로는 결코 성공할 수 없다.

새로운 경영방식을 성공적으로 정착시키기 위해서는 그것에 걸맞은 합당한 사내체계를 갖추는 일이 중요하다. 남의 흉내를 내려는 경영자는 결과에 급급한 나머지 미처 거기까지는 생각하지 못한다. 오이 덩굴에 가지가 열리게 하려는 우를 범하는 것이다.

찰스가 다수경영방식을 채택하여 성공으로 이끈 것은 그의 의욕도 한몫했지만 무엇보다 그것을 실천하는 데 필요한 사내체제를 우선 정비했기 때문이다. 그는 특히 다섯 가지 사항에 유의했다.

- 종업원이 공정한 임금을 받도록 배려한다.
- 종업원의 생활을 보장한다. 단순히 그날그날의 생활을 보장하는 것이 아니라 일생을 보장한다.
- 종업원이 경험을 쌓아 기술을 습득함으로써 그 능력을 발휘할 수 있는 기회를 제공한다. 그러한 기회를 부여함으로써 종업원의 의욕을 고취시킨다.
- 신상필벌을 가능한 한 엄정하게 실시한다.
- 전 종업원에게 경영에 참가할 수 있는 기회를 준다.

하지만 매코믹사의 방법을 단순히 흉내내려고만 했던 다른 경영자들은 그러한 체제를 구축하는 일을 간과한 채 그저 신념 없이 거두어들일 성과만 기대했다. 그러니 실패는 당연한 결과였다.

경영은 이론대로 되지 않는다

다수경영의 방식뿐만 아니라 어떠한 경영방식일지라도 성과 올리기에만 급급하면 반드시 실패하게 마련이다. 그 일례가 K사장의 경우다.

K사장은 유리제조업체의 사장으로, 자본금을 상회하는 결손을 내고 자진해서 사장 자리에서 물러난 인물이다. 이 사건은 당시 동종업계에 큰 충격이었다.

경영에 남달리 뛰어났던 그는 왜 하루아침에 실패했는가? 새로운 경영방식 적용에 앞서 그에 걸맞은 체제 구축을 충분히 하지 못하고 그저 형식만 추구했기 때문 아닐까?

K사장은 최신 경영이론에 남다른 관심을 보여 그 모든 것을 사업에 도입했다. 사업부제의 채택, 장기계획의 수립, 철저한 실용주의, 도매점을 거치지 않은 직거래 판매제의 도입 등등……. 그 결과, K사장의 취임 당시 불과 900만 원이었던 회사의 자본금을 5년 후에는 70배로 불렸으며 매출액을 6억 원에서 단숨에 30억 원으로 올렸다.

K사장의 경영방식은 눈부신 성과를 올리는 것으로 보였다. 실적을 바탕으로 그는 크리스털 제품의 대중화에 편승, 10억 원을 투자하여 세계적인 설비를 갖춘 공장을 신축하였다. 바로 이 지점이 문제였다. 대량 생산에 발맞춰 대량 판매를 위한 또 다른 회사를 설립, 500명의 영업사원을 고용하여 직판방식을 채택한 것이 생명을 단축하는 계기가 된 것이다.

K사장은 새로운 경영이론을 도입하여 성공한 것으로 보였다. 경영 규모 확대와 더불어 매출이 크게 신장되었으므로, K사장은 분명 자신의 경영방식에 강한 확신을 갖고 있었을 것이다.

그러한 확신에 입각하여 생산과 판매 양면에 크나큰 비약을 꾀했다는 점이 K사장의 최대 오판이었다. 그 이유는 아마도 최신 경영이론을 도입하는 과정에서 수많은 모순점을 간과했기 때문이다.

사업 규모의 확대, 매출 신장이라는 순간적인 외형적인 발전 이면의 기업 내 현실적인 모순과 알력을 감당할 수가 없었던 것이다.

K사장이 스스로 고백하고 있는 것처럼, 새로운 경영이론에만

급급한 나머지 현실을 돌아보지 않은 것이 패인이었다. 명문대 출신의 엔지니어인 K사장은 매사를 이론적으로만 생각했고, 계획 역시 이론대로만 수립했다. 그런 단순한 사고방식을 기업 경영이라는 복잡한 대상에 적용하려고 한 것이 실패의 원인이었다.

사업이 제대로 운영되는지는 두 가지 면에서 냉정하게 살펴보지 않으면 안 된다. 하나는, 기업의 각 부문에서 업무 원리가 잘 인지되어 합리적으로 운영되는가의 여부이고, 또 하나는 부하의 의욕과 교육열이 왕성한가의 여부다.

하지만 K사장은 그 모두를 제대로 하지 못했다. 권한 위임이라는 새로운 경영방식에서도, 부하의 능력을 제대로 파악조차 하지 않고 권한을 위임했기 때문에 오히려 혼란을 가중시켰다. 이는 실패하기로 작정한 아주 무모한 경영권 남용이었다.

경영자의 비범한 식견

실패한 경영자 대부분은 새로운 경영방식을 도입해 성공한 회사와 자사와의 다른 점을 정확히 인식하지 못하고, 또한 성공을 위해 무엇이 필요한가를 충분히 고려하지 않는다.

앞서 언급한 매코믹사를 통해 알 수 있듯이, 새로운 경영방식을 도입할 때는 다음의 세 가지 조건을 갖추어야 성공할 수 있다.

- 장기적인 경험과 연구
- 기업의 체제 구축

• 경영자의 비범한 식견

기업이 새로운 경영방식을 도입하려 할 때는 대개 큰 어려움에 직면해 있거나 재도약을 위해 새로운 탈출구를 모색해야 하는 시기다. 그러한 시기에 새로운 경영방식을 도입하여 성공시키는 데는 '경영자의 비범한 식견'이 무엇보다 필요하다. 그 좋은 예가 중소기업을 일으킨 H정밀사다.

H정밀사의 종업원 중심의 독자적인 경영방식이 성공을 거둔 것은 P사장의 비범한 식견 덕분이다.

종업원 중심의 경영방식은 매코믹사의 다수경영방식과 아주 비슷하다.

P사장의 비범한 식견을 바탕으로 H정밀사는 아래의 시책들을 차례로 실행하여 다수경영방식 실시에 필요한 기업체제를 구축했다.

• 사택의 자치제
• 여가 활용의 자치제
• 식당의 자율적인 운영제
• 시간관리제의 폐지
• 작업표준의 자주적인 결정

P사장의 이러한 경영방식은 찰스 매코믹의 그것과 궤도를 같이 하는 것이다. P사장의 경영체제는 바로 이 노선 위에서 경영자의

비범한 식견과 철저한 교육 훈련이 어우러진 결과물이었다.

리더의 자신감이 조직을 키운다

어떤 경영방식이 성공하는가는 그 형식을 얼마나 모방하느냐에 있는 것이 아니라 경영자의 정신에 달려 있다.

관리자가 경영방식을 채택한 경영자에 뒤떨어지지 않는 기백을 갖고 임한다면, 설사 형식 면에서 어설픈 점이 있더라도 대개 성공한다. 사장이 진지하게 사업에 열중한다면, 그 기백은 자연히 간부에게 피부로 전달된다. 그러면 전체로 확대되어 새로운 경영방식을 수용하는 사내체제가 정비된다.

하지만 관리자가 경영자의 정신을 파악하지 못한 채 수동적으로 성과만 바란다면 반드시 실패한다.

무명의 농구팀이나 배구팀을 정상급에 올려놓은 공로는 당연히

감독에게 있다.

감독은 훈련시킬 때 형식적인 면보다는 정신적인 면에 역점을 두었을 것이 틀림없다. 곧, 자신감이다. 그것을 누구보다도 잘 알고 있는 것은 훈련을 받는 선수들일 것이다. 열정으로 훈련을 받을 때, 선수들은 육체가 긴장되며 마음 밑바닥에서 끓어오르는 의욕과 패기를 느낄 것이다. 당연히 발전도 빠르다.

하지만 자신감이 희박한 상태에서는 어떠한 훈련을 받아도 선수의 패기와 용기는 처지게 마련이다. 당연히 발전 속도도 더딜 것이다.

감독의 경지가 높아지지 않는 한 선수는 일류로 상승하지 못할 것이다. 물론 여기에는 일류감독으로서의 트레이닝방식도 포함된다.

기업에서의 부하관리도 마찬가지다. 경영자가 어떤 관리방식을 설정하고 실시할 때 관리자에게는 그 경영자에 뒤떨어지지 않는 자신감이 무엇보다 필요하다. 이러한 것도 갖추지 않고 조급하게 성과만 올리려고 든다면, 오히려 치명적인 실패를 자초하게 된다는 사실을 관리자는 확실히 인식해야 한다.

부하를
통찰한다

S건설회사의 사장은 처음 만나는 사람에게 허리를 굽혀 인사하기 때문에 이를 본 대부분의 사람은 '저 사장님은 본받을 만하다. 느낌이 좋은 사람이다'라고 생각한다.

그러나 S사장이 항상 허리를 굽혀 인사하는 것은 아니다. 몇 번 만나 상대의 스타일 파악이 끝나면 어떤 사람에게는 고개만 까딱하거나 또 어떤 사람에게는 고개를 숙이는 정도이며, 때로는 명령조가 되기도 한다.

또한 어떤 사람에게는 처음보다 더 정중하게 허리를 꺾어 인사한다. 즉, 상대에 따라 대응법을 바꾸는 것이다.

S사장이 처음 대하는 사람에게 깍듯이 인사를 하는 것은 인품이 훌륭하기 때문이 아니다. 상대에게 악감정을 사면 중요한 거래에

지장이 생길 수 있기 때문이다.

더구나 처음 만나는 사람은 어떤 인물인지 알 수 없으므로 일단 고개를 깊이 숙여 상대방에게 좋은 인상을 주려고 하는 것이다.

물론 S사장은 만난 순간부터 상대방의 강점과 약점을 찾는다. 그래서 어떻게 하면 상대를 조종할 수 있는가 그 포인트를 포착한다.

강력하게 대처해야 할 상대라면 좀 더 고자세로, 호통을 쳐야 할 상대라면 호통을 치는 식으로 대응한다. 하지만 상대방은 S사장의 공손한 태도에 호의를 갖고 있으므로, 그가 고자세를 취한다 해도 적개심을 갖지 않는다. 뿐만 아니라 자신의 약점을 꿰뚫은 S사장의 페이스에 완전히 휘말린다.

S사장은 타인을 조종하려면 우선 상대방을 이해하고 상대의 페이스에 맞추어 행동한 다음, 서서히 상대방을 자기 생각대로 조종한다는 심리를 이용하는 비법을 잘 알고 있는 것이다. 정말로 까다롭고, 어떻게 보면 가벼운 처세 방법이라 할 수 있다.

부하의 감정을 파악하라

사람 심리를 제대로 파악하지 못하는 관리자는 부하의 반발심을 사게 마련이다.

많은 관리자가 자신의 지시는 부하에게 그대로 전달될 것이라고 생각하고 있을 뿐, 의사전달이 아주 어렵다는 사실을 염두에 두지 않는다. 분명 이것은 아주 어려운 감정 문제다.

서로가 좋은 감정으로 일하는 관계라면. 상대의 말은 올바르게 소통된다. 그러나 부하가 상사에게 악감정을 갖고 있다면, 반발하거나 전혀 들으려 하지 않는다. 이렇게 되면 의사소통은 불통이 된다.

그런 심리를 이해하지 않고 무조건 부하를 부리려고 하는 것은 잘못이다. 그러면서 부하가 명령대로 작업을 하지 않았다고 해서 다짜고짜 꾸짖는 것은 이치에 맞지 않다.

상사가 부하를 지나치게 꾸짖으면 부하는 반발하거나, 상사가 두려운 나머지 무기력해진다. 어느 쪽이나 의사전달은 갈수록 어려워지고 관계는 더욱 요원해진다.

따라서 관리자는 의욕적으로 일할 수 있도록 동기를 부여하려고 할 때, 지시에 앞서 먼저 부하가 어떤 감정을 지니고 있는지를 정확히 파악해야 한다.

아주 편안하게 대화하는 부하라면, 상당히 의욕적이며 좋은 감정 상태를 가지고 있다고 판단해도 좋다. 그러나 거북한 느낌으로 대화를 꺼리거나 긴장이 느껴질 경우에는 반발심을 가지고 있다고 보아도 좋다.

부하가 어쩐지 기운이 없고 말에 힘이 느껴지지 않을 때에는 무기력한 감정 상태에 빠져 있다고 보는 것이 좋다.

관리자는 대화를 통해 부하의 감정 상태에 항상 주의를 기울여야 한다.

버릴 만한 부하는 없다

한 광고대행사 사장은 여사원을 채용할 때 직접 다음과 같은 질문을 지원자에게 연달아 던진다.

"이름은?"

"경력은?"

"현주소는?"

"취미는?"

그러다가 갑자기 "여자의 다리는 몇 개인가?"라고 묻는다. 그 순간의 반응으로 지원자의 성격을 파악하는 것이다.

어떤 지원자는 마지막 질문을 던지기 전까지는 정숙하게 대답하였으나 이 갑작스런 질문에 자리를 박차고 나갔다고 한다. 그것으로 그 사람은 분노형 성격의 소유자임이 드러난 것이다.

만약 그 사람을 채용하여 회사의 안내 창구에 근무케 한다면 어떻게 되겠는가? 5만 달러의 주문서를 갖고 찾아온 고객이 반말을 했다고 해서 화를 내면 5만 달러의 주문을 송두리째 날려보내는 결과를 초래할 수도 있다.

또 어떤 지원자는 울상을 짓고 돌아갔다고 한다. 그 지원자는 나약한 감정의 소유자일 것이다. 채용된다면 처음 사람과 별로 다를 바가 없을 것이다.

그런데 어떤 지원자는 똑같은 질문에 대해 아주 냉정하게 "두 개입니다"라고 대답했다. 그 지원자는 침착한 사람이었기 때문에 즉시 채용되었다.

사람에게는 다양한 성격이 있으므로, 관리자가 부하에게서 반발심이나 무기력감을 느꼈을 경우에는 그것이 본디의 성격 때문이 아닐까 신중히 생각해봐야 한다.

위 예에서 본다면, 첫 번째 지원자는 반발형의 감정적인 타입이며, 두 번째 지원자는 나약하고 소심한 무기력형이고, 세 번째 지원자는 냉정하고 이기적인 감정 타입이라고 할 수 있다.

반발형이나 무기력형은 약간의 쇼크에도 곧 무너지기 때문에 다루기 어려운 타입이다. 그러한 타입의 사람은 될 수 있는 한 채용하지 않는 것이 현명하다.

관리자는 그러한 타입의 부하에게는 가급적이면 심한 충격을 주지 않도록 주의할 필요가 있다.

자신 있게 명령하라

반발형이나 무기력형도 아닌 타입은 과연 언제나 좋은 감정 상태를 유지하는가? 결코 그렇진 않다.

욕구불만에 빠졌을 때나 강력한 쇼크를 받았을 때에는 설사 바람직한 감정을 가진 사람일지라도 무기력한 상태에 빠지거나 반발심을 보이게 된다. 그러한 특수한 사정이 아니더라도, 예를 들어 부하는 상사와 대화를 나누는 30분 동안에도 감정 상태가 시시각각 변한다.

부하는 상사가 호출했을 때, 처음에는 무슨 일일까 하고 기대에 차 의욕적으로 듣는다. 그러나 상사가 부하의 작업 태도에 불만을 표시하거나 질책을 하면 상사에 대해 차츰 반발심을 갖는다. 그러한 감정 변화를 깨닫지 못하고 상사가 계속 다그치면, 부하는 결국엔 무기력감에 빠진다. 그러한 상태에서 아무리 훌륭하게 주의를 주었다고 해도 시정 효과를 기대하기란 어렵다.

아무리 유순한 감정의 소유자라 하더라도 사람인 이상 반발감, 무기력감을 내재하고 있다. 다만, 그 감정이 무의식 속 깊은 곳에 파묻혀 있기 때문에 쉽게 영향을 받지 않을 뿐이다. 그러나 상사에게 무리한 일만 계속 강요당한다면 결국 터지게 되어 있다.

관리자는 부하의 이러한 감정적인 변화를 예의 주시하여, 어떠한 자극을 주었을 때 어떤 반응을 나타내는가를 잘 알고 대처해야 한다.

세미나에서 한 연사가 위와 같은 이야기를 했을 때, 어떤 사람이 그러한 방법으로는 부하를 훌륭히 통솔할 수 없다는 반론을 제기했다. 부하의 감정 변화에 끊임없이 주의를 기울이자면, 관리자는 부하의 안색을 살펴야 한다는 고정관념에 사로잡혀 소신껏 일을 할 수 없게 된다는 것이다.

자신감이 없으면 부하의 통솔이나 지도가 제대로 될 리 없다. 부하 통솔에는 상사의 자신감과 신념이 가장 중요한 것이다. 자신감을 갖고 부하들이 의욕적으로 활동하도록 유도하는 일이야말로 부하를 통솔할 수 있는 핵심 능력이다.

물론 여기에서 강조하는 것은, 상사는 항상 부하의 감정을 사로잡고 있어야 한다는 점이다. 그것은 결코 부하에게 잘 보이기 위한 것이 아니다. 부하를 강력하게 통솔하려면, 상사가 부하의 감정 상태를 항상 잘 파악하고 있어야 한다는 점을 다시 강조한다.

• • •

부하는 어느 정도 부담되는 명령일지라도 상사가 자신감을 갖고 명령하면, 의외로 적극 따라오게 되어 있다. 왜냐하면 권위와 자신감을 갖고 명령하는 사람이야말로 진정한 리더라고 생각하기 때문이다. 다만, 박력 있게 부하를 통솔하려고 해도 부하가 상사에게 호감을 갖고 있지 않으면 그러한 통솔법은 쓸모가 없다.

반발감을 갖고 있거나 무기력한 상태일 경우 상사가 박력 있게 대처하면, 부하는 더욱더 심한 반발감을 갖거나 무기력 상태가 심화된다. 따라서 관리자는 부하의 성격을 완전히 파악하여 그 감정 상태에 따라 통솔하되, 부하를 언제나 기분 좋은 상태에서 작업할 수 있도록 노력해야 한다.

이제 부하를 언제나 기분 좋은 상태에서 작업할 수 있게 하려면 어떻게 해야 하는지 생각해보자.

권위를 가져라

경영자나 관리자는 음으로 양으로 부하의 감정에 미치는 영향이 큰 존재다. 극단적으로 말해, 부하의 감정은 모두가 상사의 응대에 좌우된다고 해도 좋다. 그중에서도 특히 상사로서의 권위가 우선 문제가 된다.

상사의 권위가 크면 클수록 부하는 기분 좋은 상태일 경우가 많으며, 권위가 약하면 약할수록 부하는 아주 하찮은 일에도 반발심을 일으키거나 무기력감에 휩싸인다.

Y악기의 어느 지방 대리점 점장은 권위에 의한 부하 통솔로 유

명한 인물이다. 그는 본사 영업소장 시절에 실적 부진으로 허덕이는 영업소를 불과 3개월 만에 우량점으로 육성했다고 한다.

그전만 해도 그 영업소의 실적은 별로 우수하지 못했다. 영업사원들은 영업 현장 대신 PC방에서 오락이나 하고 커피숍에 앉아 한가롭게 잡담을 늘어놓는 경우가 많았다.

그러나 새로 부임한 소장이 매일 아침 질타하고 격려한 덕택에, 영업사원은 저녁에 귀사할 때 맨손이어서는 안 된다는 암시에 걸렸다. 말하자면, 상사의 권위로 부하의 의욕이 고취된 것이다.

과연 상사의 권위란 무엇일까? 그것은 상사가 지닌 박력과 매력이라고 해도 좋을 것이다.

그런 상사는 일에 열성적이며, 자기 역할에 충실하고, 솔선수범하여 매사를 처리한다.

상사가 자기 일에 열중해 있다면, 그 태도에 박력이 넘치게 되며 부하들을 압도한다. 하지만 상사가 자기 일에 심혈을 기울이지 않고 부하만 일하게 한다면, 부하는 반발심이 생겨서 일하려고 하지 않는다.

자기 역할에 충실하려면, 상사가 내성적인 성격의 소유자라 할지라도 부하를 부릴 때 외향적인 성격의 소유자처럼 과감히 행동해야 한다. 자신의 내성적인 성격에만 사로잡혀 있다 보면, 부하를 의욕적으로 만들 수 없다.

또한 상사는 부하의 기대에 부응하여 부하가 바라는 이미지대로 연기할 수 있어야 한다. 그것은 첫째 강할 것, 둘째 정직할 것, 셋째 결단력이 있을 것, 넷째 일을 잘할 수 있을 것이라는 이미지다. 그러한 부하의 기대에 부응할 수 있도록 행동하는 것이 상사가 해야 할 일이다.

상사가 솔선수범을 보이는 것은 부하의 업무 의욕을 북돋우는 데 중요한 요소다. 상사가 긴장이 풀려 있다면, 자연히 그것이 부하에게 전달되어 부하의 의욕까지 죽인다. 따라서 부하를 의욕적으로 움직이게 하려면, 상사가 언제나 의욕적으로 행동하며 부하에게 모범을 보일 필요가 있다.

박력과 더불어 상사의 권위를 북돋우는 것은 인간적인 매력이다. 그것은 그 사람만의 개성이라고 해도 좋다.

사람에게는 개개인의 장점이 있다. 그것을 부각하기만 한다면 부하는 따라올 것이다. 그러한 개인적인 매력의 바탕 위에, 권위를 지니고 있어야만 부하들이 동행하는 것이다.

부하의 능력과 성격을 파악하라

부하는 관리자가 자기 욕구를 무시하거나 성격에 맞지 않거나 과도한 업무를 시키면, 반발심과 더불어 무기력해진다. 또한 동료 앞에서 주의를 주거나 그의 능력을 평가절하하면, 역시 반발심을 가지고 무기력해진다.

영업사원들 또한 고객에게 못마땅한 소리에 시달리면, 공격적이 되거나 무기력해지는 일도 많다. 내근 사원은 어려운 문제에 부딪혀 우왕좌왕하다가 공격적인 상태가 되거나 무기력해지기도 한다. 따라서 리더는 대화를 통해 부하의 불만이나 고민을 해소해

주어야 한다.

부하가 항상 기분 좋은 상태를 지속할 수 있도록 하기 위해서는 부하가 지니고 있는 능력과 성격을 정확히 파악하여 대처하는 것이 무엇보다도 중요하다.

개개인의 재능을
계발하라

　중국 오나라 사람이 여행을 하다가 월나라를 지나게 되었는데, 추운 겨울날 눈 구덩이 속에 들어가서 희희낙락하며 빨래를 하는 이를 보고 놀랐다. 왜냐하면 조금도 추운 기색을 보이지 않았기 때문이다.

　오나라 사람은 참으로 신기하다는 생각이 들어 열심히 빨래하는 월나라 사람에게 다가가 물었다.

　"이보시오, 이토록 추운 날씨에 눈 구덩이에 들어가 일을 하는데 손발이 시리지 않소?"

　"시리기는요, 아무렇지도 않습니다."

　"아무렇지 않다니요? 나는 두꺼운 솜바지를 입었는데도 이렇게 몸이 떨리는데 물속에서 춥지 않다니, 도대체 웬 말이오?"

“모르시는 말씀이오. 우리에게는 추위를 이기는 비방이 있소이다.”

“추위를 이길 수 있는 비방이라니! 도대체 빨래를 해주고 받는 수입은 얼마나 되오?”

“그저 열 식구 입에 풀칠하는 것이 고작이오.”

오나라 사람은 눈을 번뜩이며 단도직입적으로 말했다.

“여보시오, 그 비방을 내게 파시오. 값을 후하게 치러주겠소.”

“팔다니요? 이걸 팔면 세상에 퍼져 우리 장사는 어쩌라고? 우리가 일을 않고도 먹을 수 있을 만큼 값을 쳐준다면 모르지만…….”

“백 냥을 주겠소.”

“여보시오! 농담이 지나치시오!”

“농담할 리가 있겠소?”

“가족과 의논이나 해봅시다. 날 따라오시오.”

월나라 사람은 100냥이라는 엄청난 돈에 이끌려 오나라 사람을 자기 집으로 안내하여, 가족들을 모아놓고 조상으로부터 전해 내려오는 비방을 파느냐 안 파느냐 의논을 했다.

100냥이라면 고을에서도 손꼽히는 부자 소리를 들을 수 있는지라, 결국 비방을 팔아 편히 먹고살자는 의견의 일치를 보았다. 비방은 100냥으로 드디어 오나라 사람의 손에 들어가게 되었다.

오나라 사람은 오나라 왕에게 이 비방을 바쳤다. 마침 오나라는 월나라와 전쟁을 하는 때였는데, 이 비방 덕분에 병사들이 추위를 이겨내고 월나라를 쳐부수어 대승을 거둘 수 있었다.

비방을 바친 사람은 그 공로로 왕에게 후한 상금과 벼슬을 얻게 되었다. 똑같은 비방이지만 한쪽에서는 빨래에만 이용하였고, 한쪽에서는 국가를 위기에서 구했을 뿐만 아니라 자기 자신도 영달을 누리게 되었다.

이것은 비록 같은 물건이라도 발상 여하에 따라 그 이용 가치가 달라질 수 있음을 보여주는 단적인 예인데, 관리자의 부하 활용도 그 착상과 활용 여하에 따라 엄청난 차이를 보일 수 있다.

사물은 어떻게 활용하느냐에 따라 그 가치가 결정되는 것이다. 그래서 연구실이든 작업실이든 사무실이든, 모든 사물을 대할 때 발상이 중요하다. 어떤 쪽으로 발상하느냐에 따라 훌륭한 물건이나 생각이 하찮은 것이 될 수도, 대단히 가치 있는 것이 될 수도 있다.

관리자와 부하의 관계도 그렇다. 관리자의 인력 운용에 따라 유능한 부하 직원이 형편없는 인력이 될 수도 있고, 정말 무능한 직원이 대단히 유용한 직원으로 탈바꿈할 수도 있는 것이다.

"훌륭한 관리자 밑에 빼어난 부하 직원이 있다!"

이 말은 바로 여기에 적용되는 것이라 할 수 있다. 열 식구의 생계수단일 뿐이었던 비방이 국가를 위기에서 구할 수 있는 힘이 되었다면 엄청난 발상과 이용의 차이가 아닐 수 없다.

이를 부하 교육과 지도라는 측면에서 어떻게 적용하고 활용할 것인가가 중요한 과제다.

훈련으로 직감력을 키울 수 있다

지방 연수차 떠났던 한 연사가 주최 측의 기업체 사장과 그 지방 토속음식점에 들러 저녁식사를 하게 되었다.

머리를 묶어 올린 20대 초반의 아가씨가 식탁에 부지런히 서빙을 하고 있는데, 그걸 살펴보던 사장이 아가씨에게 말을 건넸다.

"아가씨, 장녀구먼."

"예?"

"아가씨 밑에는 누이동생과 남동생이 있죠?"

"아니, 그걸 어떻게 아세요?"

"그리고 집안일을 돕는다기보다 주방 실습을 목적으로 일하고 있구?"

사장의 말은 적중했다. 이를 지켜보던 주위 사람들은 모두 놀라움을 금치 못했다.

어떻게 그렇게 잘 알아맞추느냐고, 동석했던 일행이 묻자 사장은 "지난번 우리 회사의 어느 여직원에게도 여러 가지를 물어본 결과 그대로 맞았다"며 그 당시의 이야기까지 들려주었다.

이 사장은 어딜 가나 종업원의 신상 문제에 깊은 관심을 기울여, 주의 깊게 관찰하며 여러 가지를 물어보곤 했다. 그런데 복장, 태도, 용모, 표정, 말하는 모습을 보기만 해도 가정 형편을 알게 된다고 했다. 그러면서 자기가 그렇게 날카로운 직감력을 갖게 된 것은 두 가지 훈련을 해왔기 때문이라고 했다.

첫째는 상대의 복장, 태도, 화술, 표정 등을 세밀히 관찰하는 것을 습관화하는 것이며, 둘째는 관찰 결과와 그 배후에 있는 법칙을 따져 생각을 체계화하는 것이었다.

예컨대 복장에 흐트러짐이 있을 경우에는 가정 교육이 나쁘거나 아니면 생활이 어려워 옷에까지 신경을 쓰지 못하는 증거인 것이다. 또 화술이 능수능란하며 절도가 있는 사람은 형편이 어려워 가계를 돕기 위해 일하고 있다는 증거라는 식이다. 이러한 훈련을 통해 그는 상대를 꿰뚫어보는 눈을 가지게 되었다.

이처럼 사람이 재능을 키우려고 한다면, 먼저 사물을 주의 깊게 관찰하는 습성을 길러야 한다. 반드시 어떤 기준에 따라 관찰하고, 관찰한 것을 원리에 비추어 평가함으로써 직감력을 예민하게 만드는 노력이 필요한 것이다.

경영자나 관리자가 이 사장처럼 자기 부하를 꿰뚫어볼 수 있는 예리한 직감력을 지니고 있다면 큰 도움이 될 것이다. 그런데 사람들은 대개 이러한 직감력을 천부적인 것으로 오인한다. 그래서 지레 직감력을 갈고닦으려고 노력하지 않는다.

그러나 위의 사장이 그랬던 것처럼, 직감력이란 분명히 훈련으로 키울 수가 있다. 위 사장처럼 두 가지 훈련만 계속한다면, 누구나 직감력을 가질 수 있고 상당히 유용하게 써먹을 수 있다.

감수성 훈련으로 재능을 키운다

어느 날 대학생 조카와 시험에 관한 얘기를 나누다 기억력 쪽으로 화제가 번졌다. 나는 조카가 수업시간이 끝난 뒤 강의 내용을 다 외우지 못한다는 사실을 알고 놀랐다. 조카는 귀가하여 복습할 때 간신히 반 정도를 기억해내는 수준이었다.

젊었을 때에는 기억력이 좋으므로 훈련만 한다면 대부분 암기가 가능하다. 그러나 이러한 노력을 하는 사람이 적다는 사실은, 기억력이 훈련하면 할수록 커진다는 사실을 알지 못하기 때문이다. 사회에 나와서는 물론이고 대학생 시절에도 상대의 말을 기억하는 능력을 갈고닦지 않기 때문에 여전히 외울 수가 없는 것이다.

중고교 때부터 '강의 내용을 수업 중에 모조리 외워 버리겠다'는 작정을 하고 주의 깊게 듣는다면 정말로 외울 수 있다. 그러나 선생님의 말씀을 주의 깊게 듣는 그날부터 모조리 외우게 되는 것은 아니다. 처음에는 어느 정도 외울 수 있을 정도이며, 매일 외울 수 있는 양이 증가하게 된다. 그리고 일반인은 3개월쯤, 아주 더딘 사람도 반년 정도면 아주 잘 외울 수 있게 된다.

그럼에도 대부분의 사람은 자신의 재능을 기르기 위해 필요한 훈련을 하지 않는다. 이것은 비즈니스맨도 마찬가지인데, 기억력을 증대시키기 위해서 남의 이야기를 주의 깊게 듣는 훈련을 하면 차츰 잘 외울 수 있게 된다는 사실을 알아야 한다.

많은 사람이 기억력이 나쁘다거나 직감이 둔하다고 한탄하며 부모님이나 주위 환경 탓을 한다. 그러나 그것은 환경보다는 평소 훈련이 부족하기 때문이다.

만약 감수성을 갈고닦는 훈련을 계속한다면, 그 능력은 놀랍게 커질 것이다. 재능을 키우는 기초훈련은 우선 감수성을 예민하게 하는 데 있다. 발상과 이용의 효과는 그다음에 나타나게 되는 것이다.

시청각 훈련이 중요하다

감수성 훈련에는 여러 가지 훈련법이 있으나 가장 기초가 되는 것은 시각과 청각의 감수성을 기르는 훈련이다.

보이는 것이나 들리는 것에 끊임없이 예민한 감수성을 동원하여 훈련한다. 그러면서 보고 들은 것을 외운다. 그렇게 하면 머리가 아주 예민하게 작동된다.

하지만 대다수 사람은 이러한 시도조차 하지 않고 있다. 그래야 한다는 사실조차 깨닫지 못하고 있다. 지금부터라도 우선 시각과 청각을 시험할 필요가 있다.

예컨대 누군가에게 상품명 20개를 세 번 되풀이해 읽어달라고 부탁한다. 그것을 주의 깊게 기억해둔다. 다 듣고 난 뒤 종이에 상품명을 기록하는데, 이것은 청각의 예민성을 시험하는 것이다.

또한 누군가가 읽어주는 대신 자신이 직접 그것을 보며 20초 동안 상품명을 외워버린다. 그리고 종이에 상품명을 기록하는데, 이것은 시각의 예민성을 시험하는 것이다.

이러한 방법으로 18개 이상 외우고 있다면 청각 또는 시각이 지극히 예민하다는 증거다. 15~17개는 상당히 예민하고, 11~14개는 보통, 10개 이하라면 예민하지 못한 것으로 본다.

〈예 1〉 가방 | 집 | 재봉틀 | 냄비 | 비둘기 | 선풍기 | 책상 | 산 | 종이 | 잉크 | 글 | 배 | 꽃 | 대나무 | 지붕 | 책 | 세탁기 | 텔레비전 | 눈 | 주전자

다음에는 숫자다. 아래 숫자를 누군가에게 세 번 읽어달라고 하거나 5초쯤 보고 외운 뒤 종이에 써라.

〈예 2〉 7 / 9 / 6 / 4 / 3 / 5 / 2 / 8 / 5 / 1

숫자를 정확하게 쓸 수 있다면 시각과 청각은 지극히 예민하며 2개 정도 틀리면 약간 예민하고, 3개 틀린다면 보통, 4개 이상 틀리면 예민하다고 할 수 없다.

이것을 부하에게 실시해보아라. 결과는, 아마도 그들이 시청각 훈련을 하지 않고 있음을 깨닫게 해줄 것이다. 또한 시각과 청각을 예민하게 하는 일이 대단히 어렵다는 사실도 깨닫게 될 것이다.

감수성을 갈고닦는 데는 평소 훈련이 필요하다. 사물을 보거나 듣거나 재빨리 기억하는 훈련이 중요하다. 자극을 접하는 순간 기억하는 것이 사고심리의 법칙에 가장 맞는 방법이기 때문이다.

사람은 처음으로 사물을 보거나 들은 순간의 인상이 가장 강하다. 따라서 인상이 가장 강할 때 기억하는 것이 합리적인 방법이다.

최초의 인상이 가장 강하다는 것은, 사람의 이름을 맨 처음 정확하게 기억하지 못하면 그 사람을 만날 때마다 잘못된 이름이 생각나며 좀처럼 올바른 이름을 기억할 수 없게 되는 것으로도 쉽게 알 수 있다.

대부분의 사람은 이러한 사실을 알지 못한다. 그래서 겨우 교수의 강의인데도 가장 인상 깊은 바로 그 순간에 외우려 하지 않고,

나중에 기억해보면 될 것이라며 주의를 집중하지 않는다.

가장 인상이 깊은 바로 그 순간에, 뭐든지 외우려고 노력해보아라. 이게 습관이 되면 인생이 바뀐다.

원리를 파악하라

누구나 기업 경영이나 공장 운영에 대해 기본을 알게 되고, 일에서 주안점이 분명히 결정되면, 성과 면에서 완전히 달라짐을 깨닫게 될 것이다.

일을 대할 때 그 일의 주안점을 완전히 파악하려고 들면 대단히 효과적으로 재능이 발전한다. 결국, 재능을 발전시키기 위해 필요한 것은 사물을 관찰할 때 막연히 보지 않고 정확한 기준이나 원리에 따르는 훈련이다.

세일즈를 할 경우, 두 가지 타입이 있다. '어떻게 해야 실적을 올릴 수 있을까' 하고 파는 방법만 생각하는 타입과 세일즈의 원리를 정확히 파악하여 끝없이 연구하는 타입이다.

이것은 가수로 말하자면, 어떻게 하면 관객의 마음에 들게 노래하느냐를 생각하고 노래 부르는 사람과 원리에 입각하여 기초를 완전히 닦고 충분한 발성 연습을 거쳐 노래를 부르는 사람의 두 가지 타입으로 비유된다. 전자는 제법 인기를 얻어 한때 화려한 스포트라이트를 받게 되지만 그야말로 반짝 가수에 머물러버린다. 이러한 가수는 기초가 엉성하기 때문에 유행이 바뀌면 따라갈 수 없게 되는 것이다.

하지만 기초가 튼튼한 가수는 유행 변화에 대응할 수 있는 실력이 있으며, 유행에 뒤떨어지지 않을 만큼 내공이 깊으므로 수명이 길다. 20~30년을 한결같이 인기를 누리는 가수는 천부적인 감수성을 원리에 의거하여 더욱더 갈고닦아 인기를 누린다.

이는 내세울 만한 학력도 없이 노력 하나로 오늘을 이룬 어떤 대기업가의 경우도 마찬가지다.

비록 학교에서 기초를 배우지는 못했다 하더라도 사회에 진출해 여러 가지 일을 경험하는 동안 그 경험에서 법칙을 발견하였고, 그 법칙을 현실에 적용하는 식으로 머리를 기능화시켰기 때문에 성공이 가능했다.

일상생활에 원리가 있다

무학으로 출발하여 오늘을 이룬 대기업가 A는 사업 구상을 할 때 10~20년 앞을 내다보고 설계한다는 것이 얼마나 중요한지를 강조하고 있다. 현실적으로 장기 계획을 세워 실천하기란 대단히 어렵다. 이를 그는 어떻게 극복했을까? 그는 시각장애우의 행동에서 교훈을 얻었다고 밝힌다.

멀쩡한 눈을 가진 사람은 평지에서도 구르거나 다치지만 시각장애우는 넘어지거나 다치는 일이 거의 없다. 시각장애우는 지팡이로 조금씩 앞을 확인하면서 짚고 걸어간다. 그래서 넘어지거나 다치거나 하지 않는다.

시각장애우처럼 조심스럽게 한 발짝씩 주의 깊게 걸어간다면 다치지 않고도 사업을 발전시킬 수 있다. 이렇게 A는 시각장애우의 행동을 통해 사업을 안전하게 발전시킬 수 있는 원리를 파악한 것이다.

일상에는 행동 기준에 원리가 될 만한 것들이 수없이 많다. 예리한 관찰력으로 현상을 파악한다면, 그 속에서 수많은 행동의 원리를 얻을 수 있다.

A가 시각장애우에게 얻은 원리는 그 어떤 교과서에서도 다루지 않은 것이다. 스스로 깨달은 원리이므로 감수성이 예민하기만 하다면 누구나 얻을 수 있다. 그리고 보면 학력 따위가 인생 발전에서 결코 중대한 요소가 되는 것은 아니다.

다만 A의 감수성은 선천적으로 타고난 것인지도 모른다. 그래서 보통 사람이 모방하기란 쉽지 않을 것이다. 하지만 후천적인 노력을 통해 그와 버금갈 만큼의 감수성을 기를 수 있으므로, 감수성 훈련을 포기해서는 안 된다.

법칙을 발견하라

현실에서 법칙이나 원리를 포착하는 것은 천부적인 소질이라고 하지만, 처음부터 주목받을 만큼 뛰어난 것은 아니다. 그러나 여러 가지 현실에 부딪혀 소질이 발휘될 수밖에 없는 동기가 부여되면, 이러한 소질은 차츰 갈고닦여 멋진 재능으로 거듭난다.

특히 위대해지고 싶다, 사업을 하고 싶다, 저 사람에게 지고 싶지 않다는 식의 강렬한 욕망으로 이러한 소질을 발휘하는 기회가

많아지면 강한 자극을 받아 더욱더 그 소질은 발전하게 된다.

소질이 있다 해도 강렬한 욕망이나 기회가 주어지지 않는다면, 소질은 힘을 잃는다. 여러 가지 현실적 어려움이나 정신적 갈등에 치여 훌륭한 소질도 그 자취를 감추게 되는 것이다.

현실 법칙을 발견하려고 해도 두뇌 기능(조건 반사)이 제대로 가동되지 않으면, 법칙 발견은 불가능하다.

현상에서 법칙을 발견하기 위해서는 이러한 두뇌 기능이 활성화되어야 한다. 현상에서 법칙을 발견한다는 것은 천부적인 소질이 없으면 안 된다고 생각할지 모르지만 결코 그렇지 않다. 천부적인 소질이 없다 하더라도 훈련을 쌓아가면 얼마든지 가능하다.

현실에서 법칙을 발견하는 훈련을 하고, 그것을 철저하게 되풀이하여 머릿속에 박히도록 한다.

이렇게 하면 직감력이 싹트게 된다. 여러 가지 현상에서 법칙을 포착하는 두뇌의 기능이 자연히 열리는 것이다.

학습 없이는 재능 강화도 없다

학교 등 교육기관에서 하고 있는 교육은 모두가 원리 파악을 위한 훈련이라고 할 수 있다. 우리는 수학을 배웠다. 여러 가지 정의나 공식을 마스터한 수학을 통해 우리는 여러 가지 문제를 풀 수 있다.

문제를 푼다는 것은 그 문제와 관련된 공식을 적용하는 것이다. 이러한 작업은 현상에서 법칙을 발견하는 두뇌의 기능력을 활성화하는 것이다. 문제를 보는 동안 우리는 그것을 푸는 데 필요한 공식을 끌어들인다. 답이라는 법칙과 공식이 연결되는 것이다.

공식을 배운다면 현상에서 법칙을 발견하는 것은 아주 쉬운 일이 된다. 이는 스포츠, 회화, 기타 예술 분야에서도 마찬가지다.

처음에 스타일을 배운다. 스타일을 배운다는 것은 공식을 배우는 것과 같다. 스타일을 배우면 현실에 부딪혔을 때 그 응용법을 자유롭게 구사할 수 있다.

갑자기 공이 날아온다면, 전에 배운 스타일 대로 아주 보기 좋게 잘 받을 수 있다. 공이 날아올 때, 학습이 없었던 자연 그대로라면 애를 먹을 것이다. 왜냐하면 자기에게 닥쳐온 현상을 좀 더 보기 좋게 처리할 수 있는 원리를 알지 못하기 때문이다. 그런 이유 때문에 매사가 제대로 되지 않는다.

설사 그때 제대로 했을지라도 좀 더 빠른 동작이나 어려운 동작이 요구되는 상황이 오면 제대로 할 수 없다. 하지만 날아오는 공을 제대로 받는 가장 좋은 원리(타입)를 안다면, 그 어떤 공도 멋지게 받을 수 있다. 좀 더 어려운 상황에서도 훌륭하게 처리할 수 있는 것이다.

학습은 현상에서 법칙을 발견하기 위해 하는 것이다. 학습이 제대로 선행될 때 재능도 강화될 것이다.

훈련으로 소질을 키울 수 있다

현상에서 법칙을 발견하는 소질은 하루아침에 오는 것이 아니다. 그러므로 매일 두뇌 기능을 훈련시켜 자연스럽게 작동되도록 해야 한다.

자연스레 작동한다는 것은 직감력이 발달된다는 것이다. 그러므로 여러 가지 작업을 통해 원리를 파악하는 훈련이 필요하다.

작업을 할 때 사람들은 대개 타인의 타입을 그대로 모방하여 빨리 효과를 올리려고 한다. 작업의 원리를 잘 이해하고 제대로 하려면 어떻게 해야 하는가를 본격적으로 연구하는 사람은 드물다.

어느 정도까지는 발전하지만 어떤 단계를 지나면 답보 상태에 빠진다. 결국 모방만으로는 한계가 있는 것이다. 모방에만 의존하면 훗날 새로운 단계에 적응하지 못할 것이고 실패만 거듭할 것이다.

모방은 빨리 나아가는 것처럼 보이지만 긴 안목으로 볼 때 그렇지 않다. 자신의 생각이 깃들어 있지 않기 때문에 여러 가지 변화에 대응할 수 없다. 더욱 어려운 상황이 오면 속수무책이다.

자기 혼자서 조그만 식당을 운영하던 사람이 차츰 장사가 번창하고 단골손님이 늘자, 좀 더 큰 가게를 임대하고 점원을 고용했다가 실패하는 경우를 많이 본다.

왜 그런가? 그동안은 주인이 피땀 흘리며 자신의 직감력으로 매사를 처리했기 때문에 잘되었다. 그러나 점포가 확장되고 다른 사람(점원)이 개입되자 혼자 할 때의 직감력이 흔들렸다.

이런 일은 수많은 중소기업 경영자에게서도 일어난다. 사장이 직접 일선에서 사업을 발전시키는 것까지는 제대로 되었으나, 사업이 확대되어 조직이 커지면서 사장의 직감력에 문제가 생긴다.

확대되기 전까지는 홀로 모든 일을 경험대로 착착 처리할 수 있었으나, 회사가 커진 다음에는 그 규모에 걸맞게 합리적으로 운영해야 하는데 그것을 연구하지 않았던 것이다.

이러한 실패를 하지 않기 위해서는 현상에서 원리를 파악하는 두뇌의 기능력을 갈고닦아야 한다. 그러자면 합리적인 작업 방법을 파악하여 그것을 바탕으로 업무 방법을 끊임없이 검토하고 개선해야 한다.

리더는
결단력을 갖춰야 한다

한 경영인 세미나에서 온갖 고충이 쏟아져 나왔다. 그중 자기 회사의 공장장 네 명 중 두 명이 일을 제대로 하지 않아서 애를 먹고 있다는 K사장의 말이 눈길을 끌었다.

좋은 방법을 갈구하는 그의 하소연에 누군가가 "그렇게 도움이 되지 않는 공장장이라면 해고하고 나머지 두 사람에게 겸무시키면 어떻겠느냐?"고 제안했다.

그러나 공장이 떨어져 있기 때문에 겸무는 어렵고, 그 사람을 해고시킨다고 해도 공장에는 다른 적임자가 없어 난감하다는 대답이었다. K사장은 공장장을 해고시킬 수도 없어서 따끔하게 주의를 주지만, 공장장은 회사의 이러한 사정을 잘 알고 있기 때문에 사장의 지시가 제대로 안 먹히는 모양이었다.

이렇게 되면 K사장의 말이 효과가 없는 것은 당연하다. 사장은, 공장장이 의욕적으로 일하지 않는 것이 전적으로 공장장의 탓이라고 생각하고 있었으나 사실은 그렇지 않았다. K사장 자신이 공장장을 자기 뜻대로 움직이려는 기백이 결여되어 있었기 때문이다.

사장이 공장장을 자기 생각대로 움직이게 하려면, 확고한 결단을 내릴 필요가 있다. 공장장이 그만두어도 상관없다는 생각으로 공장장을 압박할 필요가 있는 것이다. 사장의 이러한 결심이 굳어지면, 사장은 구태여 입 아프게 꾸짖을 필요가 없다. 열심히 일하지 않으면 해고될지 모른다는 사실만으로도 대단히 큰 설득력을 갖기 때문이다.

사장은 공장장이 그만둔다고 해도 곤란을 느끼지 않을 정도의 대책을 생각해둘 필요가 있다. 사장은 공장장이 없으면 곤란하다고 생각하고 있지만, 별로 도움이 되지 못하는 공장장은 부하들에게도 큰 도움이 되지 못한다. 그런 공장장이 그만둔다고 해서 실제로 큰 손실이 오는 것은 아니라는 얘기다.

그러나 대개는 이러한 사태에 처하게 되면, 후임자가 없으니까 해고할 수 없다는 이상한 발상을 한다. 공장장을 좀 더 발전시키고자 한다면, 발상을 전환하여 과감해져야 한다. 그렇다면 공장 운영을 어떻게 해야 하는가?

공장은 현장의 과장이나 조장에 의해서도 가동되고 있으므로 그런 사람들 중에서 우수한 사람을 선정하여 공장위원회를 구성하고, 공장의 중요 문제는 위원회를 통해 운영하도록 한다. 공장장도 이 위원회에서 선출하면 되는 것이다.

소수정예가 효율적이다

의욕이 없는 사원을 나무라면 사표를 내지 않을까 하는 두려움 때문에 할 말도 못하고 못 본 체하는 경영자가 적지 않다. 그러나 이런 태도로는 비능률로 인해 생산 비용이 높아질 뿐만 아니라 이익도 오르지 못한다. 결국 자본 압박으로 근로자를 모집하기가 어려워진다. 그래서 사원들 때문에 더욱 신경을 써야 하는 악순환이 되풀이되는 것이다.

과연 이런 문제를 어떻게 해결해야 할까? K사장의 경우에 결단력 결핍이 큰 문제였다.

사장이 눈치를 보며 일할 정도로 요즘 젊은이들은 만만치가 않다. 이 경우, 잘못은 의욕이 없는 사원에게만 있는 것이 아니라 사원에게 의욕을 갖게 하는 방법을 강구하지 못한 경영자에게도 있다.

이런 비능률적인 사원을 의욕적으로 일하게 하는 방법은 노력만 하면 찾을 수 있다. 그러한 방법을 발견하여 실시하려면, 경영자의 의지와 결단력이 반드시 필요하다.

이런 사태를 개선하기 위해서는 소수정예주의에 따른 고능률의 방법이 유효하다. 현재보다 인원을 더 축소한다 해도 개개인의 능률이 오른다면 가능하다.

더구나 개개인의 능률이 오른다면, 임금을 올리는 것도 가능하다. 임금이 오르면 근로자의 의욕도 높아질 수 있으며 이제까지의 나쁜 환경을 개선시킬 수도 있다.

물론 이런 대비책이 그렇게 손쉬운 것만은 아니다. 그렇다고 저

임금, 저능률로 일하게 한다면 악순환이 거듭되어 결국 경영이 막혀버릴 것이다. 그러므로 사태가 악화되기 전에 과감히 고능률화를 시도해야 한다.

경영자가 결심을 굳히고 소수정예 방침을 밀고 나아가면, 직원의 태도도 차츰 바뀌어 의욕적으로 일하게 될 것이다. 소수정예 체제로 대체하는 것은 사원들의 의욕을 고취하는 가장 효과적인 방법이라 하겠다.

행동과학 연구로 부하를 다룬다

한 회사에는 업무에 나태한 과장이 다섯 명 있었다. 그 사실을 주위에서는 다 알고 있었지만 사장만 모르고 있었다.

그들의 태도가 여전히 개선되지 않는 가운데, 결국 그들이 회사 전체의 사기를 저하시켰으며 나쁜 영향을 미치고 있다는 사실을 사장도 알게 되었다.

사장은 해고할 결심으로 그들을 불러 강력하게 그들의 안이한 태도를 질책했다. 사장의 강력한 태도에 놀란 그들은 진지하게 사장의 말을 듣게 되었으며, 그 이후 태도가 돌변하여 열심히 일하게 되었다.

이런 예에서도 알 수 있듯이, 부하를 효율적으로 움직이게 하려면 그 통솔 요령에 대한 연구가 필요하다.

부하를 움직이는 요령이 서툰 것은 부하를 움직이는 데 회사에서 부여된 권위에 의지하고 있었기 때문이다. 더구나 이런 권위가 작용하여 부하들도 무조건 상사의 말이라면 따라주었다. 하지만 최근에는 이런 권위만으로는 부하를 움직일 수 없다.

더구나 권위를 남용하면 부하가 사퇴하거나 불만을 사게 되어 작업 능률이 현저히 떨어진다. 그래서 권위를 막무가내 앞세울 수도 없다.

앞의 예에서와 같이 의욕이 없는 공장장을 자를 각오로 설득한다는 것은 낡고 권위적인 방법이라고 생각할지 모르지만 곰곰이 따져보면 그렇지 않다.

사장이 해고 권한을 유효하게 발휘할 수 있는가의 여부는 부하를 활용할 수 있는 능력을 갖고 있는가의 여부에 달려 있다.

사장이 해고 권한을 훌륭히 활용할 수 있기 위해서는 먼저 과감한 결단력을 행사할 수 있어야 한다. 이 경우, 권위가 아닌 사장의

결단력과 능력이 작용하게 되는 것이므로 효과적이라 할 수 있다.

이에 반해, 회사가 부여한 권위에 안주하려는 상사는 실력 없이 권위로만 행세하려는 데 불과하므로, 이런 안일함이 부하들에게 간파되어 지시대로 움직여주지 않는다. 권위를 앞세우기만 해서는 부하가 의욕적으로 움직이지 않기 때문에 과학적인 연구로 방법을 모색해야 한다.

사람의 행동을 지배하는 모든 원리를 연구하여, 이에 따라 부하를 어떻게 합리적이고 능률적으로 움직이게 할 것인지 연구할 필요가 있다. 이런 목적을 위해 정립된 것이 '행동과학'이다.

그러나 대부분은 행동과학의 운용 방법을 제대로 모르고 있다. 아니, 그 필요성을 통감하지 못하고 있다는 것이 적절한 표현일 것이다.

과거 미국은 노동력이 부족하고 임금이 높은 노동 환경으로 인해 소수정예를 취할 수밖에 없었다. 소수정예 시스템을 성공시키기 위해 그들은 사람의 행동을 최대한 합리화, 능률화했다. 그래서 행동과학에 대한 기대도 컸고 거기에 발맞추어 대단한 발전을 이룩했다.

행동과학의 높은 성과

행동과학의 도입으로 경영과 그 관리 방법에 여러 가지 변화가 일어나고 있다. 예컨대 의욕을 내지 않는 부하를 이전에는 꾸짖거나 격려하고, 그래도 변함이 없으면 벌을 주거나 감봉조치를 하였다. 하지만 행동과학적인 측면에서는 소극적인 부하가 있더라도 그 사람만 나쁘다고 생각하지 않는다.

사원이 의욕적으로 일하지 않는 데는 틀림없이 무언가 이유가 있다고 보고, 종합적으로 원인을 찾는다. 그러고는 개인적인 문제를 낱낱이 분석한다. '어떤 욕구불만을 갖고 있는가?', '성격적으로 작업에 적합하지 않는가?', '상사와 호흡이 맞지 않는가?', '그에게도 그 작업이 능률적이지 못한가?' 등등 여러 가지 면에서 검토한다.

또한 그가 일하는 작업 조건은 어떤지, 대우는 어떤지, 감독 지도 방법은 적절한지 등도 따져 이런 것들 중에서 의욕을 돋우지 못하는 원인을 찾아 제거한다.

이처럼 문제의 원인을 찾아 종합적으로 대응하는 방법이 행동과학의 부하관리 방법이다.

한국적 행동과학 이론을 확립하라

미국에서 실용화된 행동과학은 임금 수준이 높고 종업원의 욕구불만이 비교적 적었던 환경에서 성공을 거둘 수 있다. 특히 개인주의가 발달된 미국은 개인의 자주성, 의무감, 책임감이 모두 강한 나라다.

이런 환경에서 행동과학은 의외로 적중한다. 부하가 자기 능력을 신장시키는 것을 목표로 하여 작업에 임하는 체제하에서는 목표 관리나 소수정예주의도 이론대로 될 수 없다. 상사나 관리자는 부하의 안색을 굳이 살펴보지 않고도 부하들은 목표 달성을 위해 의욕적으로 일에 임하고 있기 때문이다.

그러나 우리나라의 경우 대부분의 중소기업에서는 임금 면에서나 후생복지시설을 비롯한 수많은 업무 환경에 불만이 많다. 또한 승진, 승격, 감독 지도, 교육관리에도 모순점이 많다. 더구나 이런 모순은 즉시 해결될 수 없는 일이어서, 이로 인한 부하 직원들의 욕구불만은 심화되고 있다.

욕구불만이 쌓여 누적된 곳에서는 직원들이 가지고 있는 욕망이나 열의가 반항적으로 표출되기 쉽다. 이런 부하들을 교육하고 컨트롤한다는 것은 상당히 어려우며, 인간관계만 앞세운다고 해서 제대로 해결될 수 없는 일이다.

이런 이유 때문에 행동과학이 별로 도움되지 않는다는 소리가 높아지는 것이다. 그렇다고 해서 행동과학이 우리 기업 환경에 도움이 되지 않는다는 것은 결코 아니다.

우리나라 실정에 맞게 이론을 정립하면 된다. 욕구불만이 쌓인 부하들을 상대로 한 인간적인 리더십, 즉 부하의 기대에 부응하는 행동을 함으로써 부하 직원들을 의욕적으로 기능화시킬 수 있다는 이론이 그대로 맞아떨어지지 않는다면 그 교육 방법은 재고되어야 한다.

욕구불만이 쌓여 자주성, 의무감, 책임감이 희박한 부하를 기능화하려면 무엇보다도 관리자의 결단력과 통솔력, 말하자면 강력한 리더십이 필요하기 때문이다.

그러므로 상사의 강력한 지도력에 의해 부하를 지도하고 교육하면서 부하가 자주성, 의무감, 책임감을 갖고 의욕적으로 일할 수 있는 환경을 조성하는 것이 무엇보다 중요하다. 이 또한 행동 과학적인 교육 방법이다.

부하를 기능적으로 움직이게 하라

행동과학이 경영에 도입되면 치열한 기업 경쟁에서 살아남기 위해 경영의 합리화 및 능률화에 대한 욕망이 고조되므로 성과가 높다. 그것은 엄격한 요구가 근로자에게 가기 때문이다.

행동과학은 이런 엄격한 체제를 구축하기 위해 기업 경영에 도입된 것이다. 급변하는 정보화 사회에서 리더도 행동과학적인 측면에서 어떻게 하면 부하를 기능적으로 활용할 수 있을 것인가를 연구해야 한다. 그렇게 하지 않는다면 부하를 효율적으로 움직일 수 없다.

행동과학적인 성과가 특히 필요한 것은 소수정예의 조직에 있다. 소수 인원으로 전보다 더 좋은 성과를 올리기 위해서는 더욱 나은 방법으로 부하를 기능화하지 않으면 안 된다.

보통 조직에서의 인원 구성은 어떤 작업을 완성하기 위해 어떠한 조직이 필요한가를 먼저 고려한다. 그다음 작업을 하는 데 필요한 인원을 결정한다.

하지만 소수정예에 의한 인원 결정은 이와는 정반대다. 먼저 인원을 결정하고 나서, 그 인원으로 작업을 하는 데는 어떤 조직이 필요한가를 연구한다. 그리고 작업을 될 수 있는 한 간단히 능률적으로 할 수 있도록 한다. 즉, 작업·인원·조직·작업의 간소화라는 형태를 취하는 것이다.

이처럼 소수정예주의에 의해, 최소화 조직을 생각하고, 또한 작업을 될 수 있을 대로 간소화하지 않으면 안 된다는 것을 연구하고 교육시키는 것이다.

부하를 기능화하기 위해 부하가 움직이지 않을 수 없는 상황으로만 몰아넣는 방법은 효과를 거둘 수 없다. 오히려 행동과학을 어떻게 구사할 수 있는가를 연구하고 교육해야만 한다.

그러나 많은 관리자가 의외로 이런 점을 깨닫지 못하고 있다. 그저 설득적으로 움직이려고 하기 때문에 문제가 되는 것이다. 그래서 부하가 생각대로 움직여주지 않는 것이다. 관리자는 초조하게 손만 비비게 되는 것이다. 철저한 행동과학적인 교육이 절실한 이유가 바로 여기에 있다.

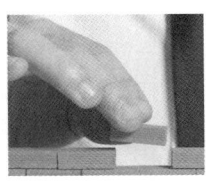

Chapter 7

리더십의
키포인트

리더는 '부하의 생명을 책임진다'고 교육을 받지만, 그것은 군대처럼 엄격한 의미가 아니다. 기업 조직에서 '부하의 생명을 책임진다'고 하는 것은 업무생활을 통해 자기 자신은 물론 부하도 인격체로서 성장하고 만족할 수 있도록 돕는 것을 말한다. 그것을 보장하는 동시에 조직에 생명감을 불어넣는 것이 지휘 및 통솔이며 관리 감독이고 리더십인 것이다.

물론 그것들에는 관리층에 따라 어느 정도 방법상 차이가 있다. 그러나 차이가 있을지라도 자세히 살펴보면 공통적인 원칙을 발견할 수 있다. 그 공통적인 리더십 원칙을 정립해야 한다. 그렇게 하면 관리자, 감독자 등의 리더에게 더욱 실질적인 도움이 될 것이다.

업무처리
과정의 점검

리더십의 기본 원리는 여러 학자들을 통해 그 연구 성과가 계속 발표되고 있다.

비즈니스 관련 리더십을 볼 때, 먼저 현실적인 업무 형태를 고려하고, 체크포인트를 통해 한번 점검해보기로 한다.

목표는 뚜렷한가?

목표에 의한 교육관리가 활발히 논의된 적이 있었다. 물론 지금도 그것은 유효하다.

목표에는 단계가 있다. 개인과 집단에게 모두 적용되는 구체적인 목표가 부여되어 있지 않다면, 목표가 분명히 제시되었다고 할 수 없다.

예컨대 어떤 부서의 목표가 원가 2퍼센트 절감이었다면, 그것은 당연히 부서와 부서장의 목표이며 목표 달성의 책임도 있는 것이다. 그 밑에 세 개의 제조과가 있다면, 거기에도 목표가 2퍼센트 절감이 된다. 또한 그 밑의 계에도 2퍼센트 절감이 목표가 될 것이고, 개개의 작업반이나 근로자도 2퍼센트 절감을 목표로 일이 부과될 것이다.

이런 사례는 흔히 볼 수 있다. 그런데 사원 개개인부터 반·계·과·부 그리고 회사 전체에 똑같은 목표가 있는데, 왜 목표를 달성하지 못하게 되는가?

부분 목표가 2퍼센트 절감이라면, 각 과의 원가 절감 목표는 A과가 1퍼센트, B과는 2퍼센트, C과는 3퍼센트 하는 식으로 각 분야에 구체적인 목표가 주어지지 않으면 안 된다. 그렇게 밑으로 내려갈수록 목표는 구체화되어야 한다.

매출 목표도 마찬가지다. 수주 지역이나 매출 상품, 세일즈맨의 경험이나 능력 등을 충분히 감안한 다음, 구체적인 목표를 정하지 않는다면 무용지물이다.

목표를 이해시켰는가?

목표를 이해했다면, 먼저 목표 자체가 아주 구체적이며 적정해야만 한다. 그리고 직속상관의 충분한 설명, 설득, 부하와의 대화가 있어야 할 것이다.

토론 결과, 목표가 더욱 훌륭하게 수정되는 일도 있어야 할 것이다. 그리고 수정이 필요할 때 더 큰 윗선의 권한이 필요하다면, 그 상사와의 의논도 있어야 할 것이다.

이렇게 해서 목표는 이해되고, 하겠다는 의욕이 발화되어 달성 쪽으로 치닫는 것이다. 이 때문에 치밀한 교육프로그램이 필요한 것이다.

터널식 리더에게는 리더십이 없다

부하에게 명령한 자신도 직속상관과의 사이가 위 사항들과 같지 않으면 아무런 의미가 없다.

상사의 의견을 받아 그것을 기계적으로 하달하고 있는 '터널식' 관리자가 적지 않은데, 이런 식의 리더들에게는 리더십을 기대할 수 없다.

즉흥적인가, 계획적인가?

목표에 따른 관리, 계획 생산, 수주 활동, 판매 활동에서도 반년이나 1년 또는 그 이전부터 치밀한 계획이 짜여져 있으며, 그에 따라 행동함으로써 비로소 실현이 가능해지는 것이다.

작은 업무단위라 하더라도 계획을 잘 짜서 상황을 판단하고 결의를 굳힌 다음, 명령을 하달하고 실제의 활동 상황을 파악하며, 시시각각 필요한 대책을 강구하는 작업체제가 되어 있지 않으면 실패한다.

정보를 수집 · 활용하고 있는가?

정보 부족이나 그릇된 정보에 의해 세워진 계획은 당연히 결과가 좋을 수 없다.

과연 어떻게 하면 필요한 정보를 충분히 수집하여 올바른 판단 재료로 활용할 수 있을까?

먼저 직속상사의 정보를 받아들이지 않으면 안 된다. 직속상사나 연관 부서의 상사, 스탭, 동료, 부하 등 사내의 모든 정보원에게서 필요한 정보를 충분히 수집할 필요가 있다.

그러한 정보를 수집하는 데는 평소 대인관계를 확고히 해놓는 노력이 필요하다. 물론 팀장으로서 팀원들에게 충분히 신뢰를 얻고 있어야 한다.

필요한 정보를 사외에서 얻어야 할 경우도 많다. 경제나 기술 분야 등의 전문 조사기관에서 공개하고 있는 것이라면 약간의 비용으로 정보를 얻을 수 있지만, 그렇지 않을 경우 역시 인맥에 의존해야 한다. 컨설턴트나 전문가들만이 갖고 있는 정보도 있을 것이기에, 바로 그런 때 장기적인 대인관계가 제 기능을 발휘할 수 있다.

'얼굴'이 일의 성패를 좌우하는 경우가 의외로 많다. 이는 계획이나 판단을 돕는 일이긴 하지만 지휘 통솔에도 크나큰 영향을 미치는 것이다.

부하를 올바로 알고 있는가?

부하들의 성향은 저마다 아주 다양하다. 교육 정도가 높아지면서 가치관이나 자기 실천에 대한 욕구, 상사나 동료에 대한 대응 방법도 제각각이다.

그러니 부하 개개인을 모두 올바르게 파악하는 것은 결코 쉬운 일이 아니다. 다양성 틈새에서 공통적인 면을 보는 것이 어려운 일인데, 한마디로 잘라 말할 수 있는 묘책은 사실 없다.

그럼에도 리더의 인격이 부하에게 올바르게 인식된다면, 그리고 바람직한 리더십을 통솔한다면 다양성 가운데 공통점을 발견할 수도 있을 것이다.

회사를 똑바로 인식하고 있는가?

직속상사나 부하에 대한 올바른 인식을 갖고 있다 해도 그것만으로는 부족하다. 또 하나 중요한 것은 조직에 대한 모든 주변 조건이나 상황의 올바른 인식이다. 그것을 제대로 인식하고 있지 못하면 지휘, 통솔에 문제가 생긴다.

리더십이
모든 것을 이끈다

조직은 본래 수많은 사람의 협력으로 목표 달성을 꾀하는 곳이다. 목표 달성을 위해 '업무의 조직화'를 지향하는데, 업무의 조직화를 위해서는 '인간의 조직화'가 선결되어야 한다.

'인간의 조직화'와 '업무의 조직화'는 당연히 분리해서 생각할수 없다. 양자는 동전의 양면이기 때문이다. 물론 '인간의 조직화'가 기본이다. 그 기초 없이는 '업무의 조직화'도 불가능하다.

'인간의 조직화'든 '업무의 조직화'든 그것을 실시하는 주체는리더이다. 우리는 리더의 지휘 통솔 행위를 리더십이라 부른다. 리더십이 사람을 조직하며, 조직의 목표 달성을 가능케 한다. 부하의 현재 능력과 잠재 능력 모두를 발휘하도록 유도하는 것 또한리더십이다.

리더십에 관한 이론

리더십은 크게 '자질론'과 '기능론'으로 대별된다.

역사적으로 먼저 나온 자질론은 한때 절대불변의 진리처럼 보였다. 그러나 후에 기능론이 나와 그 진리의 자리를 대신하게 되었는데, 그렇다고 완전히 만고불변의 정설로 굳어진 것은 아니다.

자질론에서는 '리더십은 타인이 자연히 거기에 연결되어 그 사람의 지도를 받아들일 수 있게 되는, 개인이 지닌 행동의 자질이다'라고 정의하고 있다. 이것은 아워크의 설인데, 그는 개인이 지닌 자질로서 다음과 같은 여섯 가지를 리더십의 필수 항목으로 들고 있다.

• 자신감 : 과잉 또는 배타적인 자신감이 아니라 자각에 따른

원활한 자신감을 말한다.

- 개성 : 완전하다기보다는 인간으로서의 강력함과 부드러움이 적당히 혼합되어 있으므로, 타인보다 뛰어나다고 느껴지게 되는 개성을 말한다.
- 활력 : 사람들의 흥미를 유발시켜 계속적으로 감독하며 성장을 가능케 하는 어떤 기운을 말한다.
- 살아 있는 지성 : 항상 냉정하며 총명하고, 또한 인간 존재 전반에 주의를 기울이고 있는 것을 뜻한다.
- 의사 전달 능력 : 지시나 견해, 판단 등을 타인에게 전달하는 능력을 말한다.
- 판단력 : 상황을 전체적으로 파악하여 장래를 그르치지 않는 방안을 적시에 내릴 수 있는 능력을 말한다.

그 어느 것이나 아주 기능적인 리더 자질이라고 생각되지만, 이런 자질론에는 극복할 수 없는 결점이 있다. 즉, 이 사고방식에서 보면 리더가 될 수 있는 사람, 리더로서의 자질을 지닌 사람들은 선천적으로 결정된다. 또한 선천적으로 이 자질을 가진 사람들은 항상 리더로서 성공하게 된다는 말이다.

이러한 자질론의 결점을 현실적으로 개선한 것이 기능론이다. 브라운의 기능론은 '리더십은 집단적인 성질이나 상황에 따라 그때마다 집단 성원의 능력을 충분히 발휘시켜 그것을 유효한 쪽으로 방향지어 집단 활동에 기여하게 하는 기능이다'라고 정의된다.

물론 기능론으로 자질론의 결점을 극복하는 것은 그리 간단한

문제가 아니다. 기능론의 사고방식을 취한다면, 리더십의 성과를 좌우하는 것은 두 가지다. 리더의 리더십 기능 발휘 방법과 리더의 자질 및 능력 두 가지인데, 여기에 또 결점이 생긴다. 왜냐하면 자질론을 버리지 못한 것이 되기 때문이다.

　결국 수학 공식 같은 결론은 없다. 따라서 리더십을 실제로 높은 수준으로 끌어올리려고 한다면, 그 집단이나 주어진 상황에 따라 효과적으로 적용하는 한편, 리더 자신의 자질이나 능력을 향상시키는 노력을 동시에 펼쳐야 한다.

조직원
전체의 리더십

모든 조직에는 두 가지 기능이 있다.

* 집단의 생존과 성장
* 집단의 목표 달성

이 두 가지를 동시에 충족하기 위해서는 주어진 상황에 따라 집단의 구성원 전원이 저마다 역할에 맞게 익숙한 분야에서의 리더십 발휘가 필요하다.

왜냐하면 위의 두 기능은 본래 모순과 갈등하는 요인을 포함하고 있기 때문이다. 조직에 의해 임명된 공식적인 관리자의 리더십에서는 두 가지 기능을 동시에 만족시킬 수는 없다.

부장 밑에 차장, 과장 밑에 대리 등의 직책을 둔다는 식의 방법을 취한다 해도 무리라 할 수 있다. 그러므로 집단 전원이 조직의 생존, 성장, 업무의 효율화를 위해 '인간의 조직화'와 '업무의 조직화'라는 기능을 하나씩 떠맡아 관리자의 리더십이 부족한 곳을 돕는 것이 바람직하다.

통솔력으로서의
리더십

　관리자의 리더십은 '최고 통솔력'이라 불리는 일이 많다. 제도적인 권위를 의미하는 '최고 통솔력'은 리더십처럼 집단 구성원에게 자발적이며 적극적으로 받아들여지는 것과는 다른 개념이지만, 두 가지 의미에서 주목했으면 한다.

- 조직의 '장'은 리더십과 최고 통솔력을 겸비했을 때, 좀 더 강력한 리더가 될 수 있다. 원래 리더십을 발휘할 수 있는 능력을 지니고 있는 사람은 공식적인 장으로서 제도상 큰 권한이 부여된다.

- 최고 통솔력을 지닌 상태에서 '장'의 기능과 직능을 다하려고 하는, 말하자면 '권력형'의 관리자는 리더십에 관한 새로운 사

고방식으로 보면 바람직한 존재라고 할 수 없다. 그런 관리자는 리더십을 충분히 발휘할 수도 없다.

후자와 관련해서는 또 다른 형식으로 '민주형(유도형)', '전제형(專制型)', '방임형' 등의 타입이 있다. 관리자 리더십을 조직 전체의 리더십의 일부분으로 생각해본다면, 이런 유형의 분류는 주로 '작업의 조직화'에서의 분류임을 알 수 있다.

따라서 '인간의 조직화'라는 면에서의 유형 분류도 생각해볼 필요가 있을 것이다. 다음의 여섯 가지 분류가 참고가 될 것이다.

• 지적인 리더 : 지적 능력이나 전문지식이 우수하며 부하의 신뢰를 얻는다.
• 제도적인 리더 : 직무에 수반하는 위력으로 지위를 유지한다.
• 민주적인 리더 : 부하의 의견이나 희망을 살려 집단의 최다수 의견에 따른다. 즉, 집단에 대한 귀속감과 충성심에 따라 그 지위를 확보한다.
• 독재적 · 전제적 리더 : 원시적인 지배나 권력에 의해 부하를 통제한다.
• 심복적인 리더 : 부하가 업무에 자진해서 협력하지 않을 수 없는 매력적인 개성을 지니고 있으며, 부하에게 솔선수범을 보임으로써 지위를 유지한다.
• 창조적인 리더 : 부하의 흥미나 능력을 살려 목표를 통일함으로써 지위를 유지한다.

이를 통해 알 수 있듯이, 어떤 힘에 의해 지위를 유지하는가에 따라 관점이 달라진다. '인간의 조직화'와는 어느 정도 다른데, 약간의 문제점은 있으나 참고로 삼을 만할 것이다.

관리자 리더십은 조직의 능력을 높이는 데 역점을 두고 있다. 이런 경우에는 '업무의 조직화'에 목적이 있다.

조직 능력 = 구성원 개인 능력의 총화 × α

구성원 개개인의 능력을 전부 합친 것에 알파를 곱한 것이 그 조직의 능력이 되는 것이다.

이 알파는 1을 중심점으로 하여 1보다 작아지기도 하며 1보다

훨씬 커지기도 한다. 따라서 리더는 알파를 1보다 될 수 있는 한 크게 하도록 노력해야 한다. 그중에서 부하가 일할 능력을 창출하여 그것을 조직의 목표와 통일시키고, 다시 그 노력에 효과적으로 보답하는 등의 적극적인 노력을 하지 않으면 안 된다.

관리자 리더십은 요구되는 기준에 따라 달라질 수 있는데, 아래 다섯 가지로 요약된다.

- 부하 개개인이나 업무 집단을 충분히 이해할 것
- 부하에 대한 이해나 공감을 높이는 노력을 계속할 것
- 부하의 능력, 업무에 대한 의욕을 창출하여 업무에 동기를 부여할 것
- 직장에서의 조직 능력을 높이는 노력을 계속할 것
- 직장의 업무나 행동 목표를 조직 전체의 목표 가운데 정확하게 위치를 잡아줄 것

리더십의 분산

리더십을 규명하는 새로운 시각으로, 리더를 따라가는 사람의 태도와 모습에 주목하는 이론이 있다.

이것은 '인간의 조직화'와 '업무의 조직화'라는 두 가지 모순과 갈등을 빚는 최고경영자로서의 기능을 한두 사람의 관리자가 전면적으로 커버할 수는 없는 일이다. 따라서 집단적으로 구성원이 저마다 역할에 맞게 자기 본래의 분야에서 리더십을 발휘하여 전체를 커버해야 한다.

그렇다면 '업무의 조직화'에서는 어떻게 되는가? 조직화의 기능 중심은 대개 원칙적으로는 관리자의 몫이다. 그러나 제도상의 '장'이 이것을 다하기란 어렵다.

예컨대 출판사 편집부를 보면, 편집장이 모든 것을 주도하지만 모든 일에 베테랑은 아니다. 제작과 영업 분야까지 연관된 일은 아무래도 가장 고참인 A과장이 더 낫고, 교열 분야에서는 B대리가 베테랑인 경우가 있을 수 있다. 따라서 그것은 하극상이거나 방임주의가 결코 아니다. A나 B의 리더십에 기대하여 전체의 조화를 꾀하는 것이 '장'으로서 취할 자세다.

이런 경우 A나 B는 편집부의 다른 동료들과 마찬가지로, 공식적인 관리자인 편집장의 리드에 따라야 하는 동시에 어떤 역할 분담에서는 리더가 된다. 그 분야에서는 편집장이 A과장이나 B대리의 리드에 따라도 좋은 것인데, 이런 교차된 관계가 조직의 모든 구성원에게 성립된다.

그 직장의 부서장은 물론 그의 상위 집단인 부서장에 대해서도 훌륭한 지도력을 발휘하지 않으면 안 된다. 또한 그와 동시에 자신이 지닌 집단의 본업이나 특기로 하는 업무 분야에 대해서는 상사에 대해 리더십을 발휘할 수 있으면 발휘해야 한다.

이런 관계 설정은 조직의 원칙을 무시하여 무정부 상태를 초래하려는 것이 아니다. 리더십과 부하 집단과의 관계가 훌륭해지면 '업무의 조직화'의 효율은 최고조에 이르며, 여기에 '인간의 조직화'가 강화된다.

이런 의미에서 최고경영층에서부터 평사원에 이르기까지 비중의 차이는 있을지라도 리더십과 부하 집단을 합쳐서 생각하는 것이 중요하다.

오해를 피하기 위해 한 가지 덧붙이고자 한다. 이런 사고방식을 취한다 하더라도 여러 단계의 관리자들이 조직체에서 결정적인 역할을 한다는 사실에는 변함이 없다. 평사원에게도 리더십을 발휘할 수 있는 기회를 부여함으로써 결정적인 새 역할을 할 수 있는 인재 또한 증가될 것이다.

'인간의 조직화' 측면에서는 어떤가? 리더십의 새로운 사고방식이 전제되었다면, 부서장은 '업무의 조직화'에 중점을 두는 것이 보통이다.

'인간의 조직화'라는 측면에서는 거기에서 살아가는 사람들의 행동 방법이 중요한 과제가 되는 것이다. 따라서 당연히 젊은 사원들이 리더십을 발휘할 수 있는 기회도 많아질 것이다. 예컨대 직장 레크리에이션 동아리의 리더인 C, 바둑 동아리의 리더인 B, 연극 동아리의 K처럼 말이다.

부서장이나 고참들도 그 경우에는 훌륭한 추종심을 발휘함으로써 '인간의 조직화'에 기여할 수 있다. 이처럼 '인간의 조직화'와 '업무의 조직화'의 양면에서 가능하면 전원이 리더십을 발휘할 수 있을 때 조직은 생동감이 넘칠 것이다. 그래서 '인간의 조직화'와 '인간에 의한 업무의 조직화'가 가능하게 될 것이다.

레크리에이션 면에서 본다면, 레크리에이션 이외의 업무상에서 이런 리더십의 부합이나 중복이 있다고 하더라도 결코 이상한 것은 아니다. 오히려 그렇게 함으로써 직장의 결속은 강화되며, 직장 구성원 개개인이 활성화된다.

요컨대 부서장이 리더십의 독점을 고집하지 않고 적극적인 분산을 고려하여, 그 바탕 위에서 직장의 결속감을 쌓아가는 리더십의 형태를 취할 수 있을 것이다.

팀워크와
포메이션

조직은 항상 팀워크를 전제로 하고 있다. 물론 어떤 부서를 보면, 소속 직원이 한 사람뿐이고·일정하게 정해진 업무만 처리할 수도 있다. 하지만 그러한 사람도 자세히 살펴보면, 타인과의 협력에 의해 업무를 진행시킨다. 이처럼 조직에서는 팀워크에 의해 팀 능력을 산정하는 'α'의 크기가 결정된다고 해도 좋을 것이다.

그러나 앞에서 다룬 리더십과 부하와의 관계가 몸에 배어 있는 조직에서는 인간의 조직화, 인간에 따른 업무의 조직화가 가능함에 따라 자율적인 포메이션이 구축된다.

포메이션은 구성이나 편성, 또는 조합되어 있다고 하는 의미이지만, 여기에서는 예컨대 배구 경기에서 '저 포메이션은 좋다'라거나 미식축구나 럭비에서 말하는 '포메이션', 즉 '싸우는 진형', '업무를 하는 진지 구축'이라고 생각하면 된다.

이런 스포츠를 생각해보자. 포메이션을 필요로 하는 것은 적에 대한 팀 게임이다. 개인 대 개인으로 싸우는 복싱, 씨름, 유도, 레슬링에서는 포메이션이 필요 없다. 그러나 팀 게임일 경우 이쪽에서 공격할 때에는 그 상황에서 가장 뛰어난 공격 방법과 그것에 가장 적합한 대열이 일순간에 취해지지 않으면 안 된다.

일순간이므로 그때마다 최고경영자인 감독이 팀원들을 모아 지시하거나 모임을 가지는 것이 가능하지 않다. 그때 공을 잡은 누군가와 공격조의 누군가의 사인이 필요할 것이며, 오히려 게임의 흐름에서 자동적이고 자율적으로 일순간에 그 전열이 갖추어진다고 보는 것이 타당하다.

수비에서도 마찬가지인데, 그 일순간은 공격하는 쪽보다 몇 분의 1초인가 더 짧다. 상대의 다음 공격 방법을 간파하여 맞이할 자세가 되어 있다면, 적의 공격은 반드시 방어할 수 있다.

비즈니스 경우에도 본질적으로는 이런 스포츠와 다르지 않다. 전투를 할 때, 적이든 아군이든 정당함이라든가 도덕성이라든가 막강하다든가 하는 것은 아무 상관이 없다. 무엇보다 변화에 얼마나 빨리 정확하게 대처하는가가 일의 성패를 결정하는 첫째 요건이기 때문이다.

물론 누구나 예측하지 못했던 새로운 사태에 직면하게 되는 일도 있을 것이다. 그러나 그것은 예외이며, 일상적으로 일어나는 일은 전례가 있었던 것과 같은 사태이거나 아니면 그 변형이라고 생각해도 좋다.

• • •

예컨대 물품을 고정 거래처로 수송하는 도중에 사고가 났을 때, 즉시 다른 방법으로 대체하지 않으면 거래처에 피해를 끼치게 된다. 관리자는 운 나쁘게도 부재중인데, 즉시 처리하지 않으면 안 될 경우는 얼마든지 있다. 이럴 경우, 당신이라면 어떻게 하겠는가?

이것은 아주 간단한 사례이지만, 최단 시간 내 상황에 걸맞은 가장 적절한 포메이션을 자율적으로 취할 수 있어야 한다. 리더와 부하의 얽힘이 정확하게 구성되어 있는 집단, 조직, 소집단에서는 훈련으로 상당한 수준까지 포메이션을 갖추었을 것이다.

아주 어려운 일로 생각할 사람도 있을지 모르지만, 간단한 임기 응변의 포메이션은 어느 직장에서도 필요하다. 일일이 부서장의 지시를 기다리고만 있어서는 시기를 놓치고 말 것이기 때문이다.

부서장이 없을 때 중요한 방문객이 왔다면, 접대를 하거나 그밖의 업무처리를 스스로 판단하는 여사원의 임기응변적인 포메이션이 필요한 것이다. 이처럼 팀워크와 포메이션이 가능해지면 경영에서 '전원 참여'라는 현대적인 과제도 아주 손쉽게 할 수 있다.

업무의 확대와
충실도 강화

　몇 가지의 포메이션을 익혀 습관화하면, 전원이 복수의 작업을 할 수 있는 능력을 갖출 수 있다. 이것을 '멀티급방식'이라고 부르고 있다.

　스포츠의 예를 든다면, 공격해온 볼을 리시브하면서 다음 공격으로 연결한다. 수비 선수가 방어를 한 즉시 방향을 틀어 맹렬한 속도로 적진 깊숙이 파고든다. 이런 경우는 요즘처럼 '토털 사커'를 지향하는 축구 경기에서 얼마든지 볼 수 있다. 풀백을 주로 담당했던 홍명보 선수의 득점이 높은 것도 이런 이유 때문이다.

　물론 비즈니스의 경우에는 좀 다르다. 부서장이 어떤 일을 시키면 부하의 반응이 영 신통치 않은 경우를 보자.

　'이것도 내가 해야만 하나?'

"저는 이 일의 담당자가 아닌데요, 부장님."

이렇게 생각하거나 저항하는 사람들이 적지 않다. 팀을 위한 일이라면, 익숙하지는 않지만 해보자고 생각하는 사람이 적은 것이다. 물론 그에 반해, '전혀 손에 익지 않은 낯선 업무지만, 한번 해보자!'라고 덤비는 사람도 적지 않다.

전자의 경우에는 한 가지 업무에 대해서도 좀처럼 베테랑이 될수는 없는 데 비해, 후자의 경우에는 하나의 업무를 마스터하는 것도 빠르며, 다른 업무에 도전하여 마음껏 능력을 발휘하는 사람이 된다. 더구나 전자는 싫어하면서 업무를 하고 있지만, 후자는 즐겁게 일을 해치운다는 차이도 있다.

이렇게 해서 멀티급의 방식을 정착시키게 된다. 이와 비슷한 사고방식으로 업무 확대와 업무 충실이라는 방식도 있다.

직무 확대·직무 충실이라고도 불리는 이것은 멀티급방식이 복수 업무를 처리하는 데 비해, 직무 확대는 같은 업무에서 횡적으로 담당 범위를 확대하는 일이며, 직무 충실은 종적으로 고도화하고 심화하는 일이다.

직원의 일이 지나치게 분업화됨으로써 충실감이 없고 '인간소외' 현상이 심화된 것을 어떻게든 해결하려고 하는 방법의 일환이다. 물론 중요한 것은 직원이 자기 일이라고 받아들여 자신을 발전시키려고 생각하도록 만드는 일이다. 이렇게 유도하는 것이 진정한 의미에서의 관리자 리더십이라고 할 수 있다.

리더십은
커뮤니케이션이다

리더십이 그저 단순한 탁상공론이 된다면, 아무런 도움도 되지 못한다. 어디까지나 실현이 문제인 것이다.

시행착오를 되풀이할지라도 실천을 통해 그러한 능력을 몸에 붙여야 한다. 따라서 리더는 다음 사항들을 명심해야 한다.

- 리더는 실천력과 행동력 면에서, 부하에게 뒤처지면 안 된다.
- 리더는 창의력을 머릿속에서만이 아니라 몸으로도 발휘해야 한다.

관리자의 실천이 무척 중요하다. 물론 관리 행위 자체가 행동이 며 실천이기도 하지만, 업무 수행 능력과 실천은 분리해서 생각할 수 없다.

실천이란 꼭 솔선수범만을 가리키는 것은 아니다. 리더로서 부서를 다스리고 업무를 성취하며 인재를 육성하여 부서원들에게 만족감을 갖도록 하는 게 리더로서의 폭넓은 실천인 것이다.

"부하가 일을 끝내고 어깨가 축 처져 집으로 돌아가도록 만들지 마라."

이 말은 리더의 역할을 상징적으로 나타낸 말이다.

리더의 실천이 '지휘'라는 행위를 통해 나타나는 경우가 많은 것은 그러한 솔선수범을 포함한 폭넓은 실천과 부하를 '썩히지 않는' 행동력이 많기 때문이다.

그러한 의미에서, 리더십과 커뮤니케이션이라는 문제를 생각해 보지 않을 수 없다. 이 문제는 관리에만 전념하는 부서장의 경우에도 그렇고, 스스로 상품을 만들어 파는 제조책임 관리자의 경우에도 공통적으로 적용되는 말이다.

커뮤니케이션이라 하면 무언가 어려운 일로 생각되지만 사실 그리 까다로운 것이 아니다. 정보를 잘 유통시키고 잘 받아들이며, 의사 전달이 막히지 않게 하는 일, 즉 소통이 잘되는 직장 환경을 만드는 것이다.

꾸짖거나 칭찬하거나 용기를 불어넣는 일, 그리고 지원을 아끼지 않는 일까지도 포함될 것이다. 커뮤니케이션 문제는 최근에 와서 화제의 중심이 되고 있다. 사회에서도 기업에서도 기타 조직에서도 마찬가지다. 왜일까?

- '커뮤니케이션을 원활하게 하라'는 구호가 모든 조직에서 강조되고 있다. 그만큼 상하좌우의 커뮤니케이션이 나쁜 상태라는 말이 될 것이다. 그러나 구호에 그치고 있을 뿐 개선하려는 구체적인 목표, 계획, 프로그램, 일정을 갖고 있는 조직은 드문 형편이다.
- 그 구호 자체도 여전히 조직 내의 커뮤니케이션만을 대상으로 하고 있는 경우가 많다. 조직을 대상으로라도 커뮤니케이션이 개선된다면 다행이지만, 요즘에는 조직 외부와의 관계가 포함되지 않으면 안 된다. 조직이 속한 사회 전반과 어떻게 관계되어 있으며 유지되고 있는지, 그리고 그것을 위해 커뮤니케이션을 어떻게 개선하면 될 것인가가 포함되지 않으면 안 된다.
- 커뮤니케이션의 기술을 지나치게 모르고 있다.

다시 생각해보자.

첫째, 아무리 훌륭한 구호라도 목표, 실천 계획, 일정 계획으로 구체화하지 못한다면 말로만 외쳐대는 구호에 그칠 것이다.

그래서 경영자들의 연두인사에 '금년이야말로 커뮤니케이션을 더욱 활성화시키자'는 말이 어김없이 들어 있는 것 아닐까? 회사뿐만 아니라 각 부서에서도 마찬가지다. 매년 같은 목표를 내걸고 있지만 결코 개선되지 않고 있다.

구호로만 그치는 '커뮤니케이션 개선 계획'은 필요없다. 사장이나 부장에게 1년에 한 번만이라도 편지를 보내는 운동을 해보는 것도 좋다. 매주 한 번 정도는 15분 이상 부서원 전체가 자리를 같이하는 것도 좋다. 부서장이라면 매일 한 번 이상 모든 부하와 대화를 나눌 수 있는 기회를 마련하라. 요컨대 구체적인 목표, 계획, 프로그램을 세워 실천하는 일이 중요하다.

둘째, 오늘의 조직에서 중요한 과제라고 할 수 있다. 광고, 선전, PR 등 모두가 당연한 일이다. 하지만 그토록 담당자가 고심하여 투자했는데, 현실은 과연 어떤가? 소비자 문제, 가격 문제, 품질 문제, 공해 문제 등등 소비자와의 관계는 개선되지 않고 있다.

부서장은 최고경영자의 의지를 대리하는 역할을 갖고 있다. 그런 의미에서도 이 점은 깊이 생각해볼 필요가 있다. 일방적으로 이쪽 입장만을 설명하고 선전하며 자랑하는 시대는 지났다.

조직을 둘러싼 주변 정보를 수집하고 소비자의 니즈를 잡아내어 조직에게 그것에 부응하도록 시키는 것이 커뮤니케이션의 중요한 과제다.

셋째, 여기에서 상세한 설명을 하는 것은 무리이기에 몇 가지 지적만 하기로 한다.

- 정보를 선정하는 능력을 길러라.
- 정보에는 플러스 정보, 마이너스 정보, 제로 정보의 세 종류가 있다. 질적으로 우수한 정보와 나쁜 정보의 구별도 있다. 그것들을 구별하는 능력을 길러야 한다.
- 듣고, 말하고, 읽고, 쓰는 것과 비(非)언어의 다섯 가지 커뮤니케이션에 익숙해져야 한다.

- 그것들을 구분해 사용할 수 있어야 하고, 대면·전화·문서의 커뮤니케이션의 구별도 할 수 있어야 한다. 제너럴 일렉트릭사의 예에 따르면, 관리자의 종합 업적과 '부하와의 대화', '대면 커뮤니케이션'과는 강력한 상관관계가 있다.

- 상담력, 절충력, 판매화술력 등에는 그 나름의 기법이 있다. 그러나 커뮤니케이션이라는 명제에서 볼 때 공통점이 많다. '훌륭한 조직자는 훌륭한 세일즈맨이다'라는 말 그대로이다.

- 인간관계를 돈독하게 하는 정보나 팀워크를 향상시키는 정보, 업무에 직접 도움이 되는 정보를 구별해야 한다.

- 커뮤니케이션의 채널, 룰, 매너를 분간해야 한다. 의례적인 채널과 비공식적인 채널과의 교감 방법을 강구하고, 채널을 항상 넓게 개방하는 것이 중요하다.

- 커뮤니케이션은 정보를 주는 쪽에서 왜곡하지 말아야 한다. 상사에게 나쁜 정보를 보고해야 할 때, 무의식적으로 속이거나 왜곡해서는 안 된다. 정보를 받는 쪽에서도 선입관을 갖지 않아야 한다. 그래야 올바른 커뮤니케이션이 이루어질 수 있다.

- 중요한 결론을 먼저 도출하고 이유나 경과는 뒤로 배치한다.

조직윤리를
확고하게

리더가 조직을 꾸려나갈 수 있는 새로운 윤리와 신조를 확립하지 못하면, 부서원의 결속은 제대로 되지 않으며 자신은 물론 부하도 파멸할 수밖에 없다.

- 인간은 조직 속에서 삶을 누리며 성장한다.
- 조직 가운데에서 '업무의 조직화'를 꿈꾸던 사람은 '인간의 조직화'까지도 생각하고 있다. 이처럼 미래의 경영은 '인간의 조직화'가 조직의 기초가 될 것이다.
- 조직 가운데서 사람은 독립된 시민으로 생활하며 성장하게 된다. 그러므로 기본적인 규범은 서로가 평등한 시민으로서 협력하고 역할을 분담하는 데 있다. 그것은 신분 분업이 아

니다.

- 관리자는 역할 분업에 의한 직위다. 동시에 부분 조직의 지휘 통솔자이며 관리감독자로서, 조직의 목표 실현을 위해 일을 조직화하는 리더다.
- 관리자의 기능이나 직능은 리더십이라 불리지만, 리더십이 관리자의 독점물은 아니다. 부하 개개인에게 그 역할에 맞는 리더십을 기대할 수 있다. 그것이 현실화되었을 때, 리더는 부하를 육성하여 후계자로 삼겠다는 생각도 할 수 있고 업무의 조직화와 인간의 조직화를 모두 성공시킬 수 있다.

유머가 있는
리더십

어려운 상황에서 리더의 유머는 자신은 물론 조직에 여유와 희망을 불어넣는다. 직원들에게 '우리 회사는 아직 희망이 있다'는 생각을 은연중에 심는 것이다.

"왜 웃지 않습니까?"라고 하면 "웃을 일이 있어야 웃지"라고 하는 리더들이 있다.

유머는 어려울 때일수록 필요하다. 태평성대에는 굳이 유머가 필요하지 않다. 어려울 때 더욱 가치가 빛나는 게 한마디 유머다.

그런데 개중에는 힘든 모습을 억지로 보이며 '내가 이렇게 힘들게 일하고 있으니 알아주고, 너희도 열심히 일해라' 하는 태도를 보이는 리더가 있다. 그런 모습이 단기적으로는 효과가 있을지 모르나, 궁극적으로는 좋은 영향을 줄 수 없다.

세련된 유머를 잘 구사했던 루스벨트 대통령은 재임 시절에 단 한 번도 초조해하거나 낙담한 모습을 보이지 않았다. 그래서 한 신문기자가 물었다.

"걱정스럽다든가 마음이 초조할 때는 어떻게 마음을 가라앉히십니까?"

"휘파람을 붑니다."

"대통령께서 휘파람 부는 걸 들었다는 사람이 없던데요?"

"당연하죠. 아직 휘파람을 불어본 적이 없으니까요."

회사 사장 그 누구도 직원들의 파업을 원하지 않을 것이다. 그런데 어떤가? 부하 직원 앞에서 인상을 쓰는 사장의 모습은 부하들 앞에서 파업하고 있는 것만 같다. '유머 없는 리더는 범죄자에 해당한다'는 말까지 있을 정도로 리더의 자질 중 유머는 큰 비중을 차지한다.

직장 안에는 다양한 개성이 모여 있다. 다른 직원들과 조화를 잘 이루는 직원이 있는가 하면, 무슨 일에서나 불협화음을 내는 직원, 삐딱한 자세로 무슨 일이든 부정적으로 해석을 내리는 직원, 집단생활을 너무도 힘들어하는 직원, 모든 일을 적당히 해치우는 직원 등등 그야말로 십인십색이다.

하지만 사람들은 누구나 '희망 사항'을 갖고 있게 마련이다. 그 희망 사항이 충족될 때 인간은 긍정적인 사고를 하게 되고 자신의 미래에 대한 희망을 발견하게 된다.

따라서 부하의 힘과 능력을 배가시키려면, 아래에 소개하는 '희망 사항'을 잘 읽고 숙지해야 할 것이다.

① 아무리 고독을 즐기는 것 같은 사람도 다른 사람과 더불어 즐거움을 나누고 싶은 욕구를 가지고 있다.

② 잘 나가는 그룹에 소속되고 싶은 욕구가 있다.

③ 큰 변화에는 저항하지만 작은 변화는 늘 기대하며 사는 것이 인간이다.

④ 인간은 강한 사람, 인기 있는 사람, 많이 소유한 사람에게 접근하고 싶은 욕구를 가지고 있다.

⑤ 인간은 누구든 자신을 인정해주기를 바란다.

⑥ 인간은 자신이 도약할 수 있는 기회가 찾아와주기를 기대한다. 또한 그 기회를 부여해준 사람을 평생 잊지 못한다.

⑦ 인간은 단순히 돈을 위해서만이 아니라 인정받기 위해서 일한다. 따라서 자신을 인정해주는 사람에게는 신뢰와 호의를 품는다.

⑧ 인간은 무엇인가에 늘 열중하고 싶어 하며, 자신의 모든 능력을 발휘해보고 싶어 한다.
⑨ 비즈니스맨은 항상 회사가 활기차 있기를 바란다.
⑩ 인간이란 마음의 평화를 유지하고 싶은 욕구가 있어, 무슨 일에든 자신 있게 행동하려고 한다.